THE MYTHICAL DETECTIVE LOKI

5

KINOSHITA SAKURA

おしゃべりなるくんの 魔探偵ロキキャラ紹介《またんていロキキャラしょうかい》

ロキ 言《い》わずと知《し》れた、この物語《ものがたり》の主人公《しゅじんこう》だな。燕雀探《えんじゃくたん》偵社《ていしゃ》の主《あるじ》で探偵《たんてい》をやってるぜ。でも実《じつ》はその正体《しょうたい》は北欧《ほくおう》の邪神《じゃしん》ロキなんだぜ。あー見《み》えて神界《しんかい》ではプレイボーイとして有名《ゆうめい》で（以下略《いかりゃく》）

大堂寺繭良《だいどうじまゆら》 ミステリーマニアで、ロキの所《ところ》で押《お》し掛《か》け助手《じょしゅ》をしている女子高生《じょしこうせい》だぜ。黙《だま》ってればかわいいと思《おも》うけどな…。

闇野竜介《やみのりゅうすけ》 ロキの身《み》のまわりの世話《せわ》をしているメガネ。なんだかオレのことを避《さ》けてるような気《き》がするが気《き》のせいか？

垣ノ内光太郎《かきのうちこうたろう》 なんか実家《じっか》が金持《かねも》ちらしい遊《あそ》び人《にん》の高校生《こうこうせい》だな。斜《しゃ》にかまえたところがロキとちょっと似《に》てるかもな。

鳴神《なるがみ》 まあ正義《せいぎ》の高校生《こうこうせい》とでも言《い》っておくぜ！ 実《じつ》は正《しょう》体《たい》は北欧《ほくおう》のトール神《しん》！ 偉大《いだい》なるハンマーミョルニルを振《ふ》り回《まわ》し、悪《あく》をバッタバッタと……（以下略《いかりゃく》）

大島玲也《おおしまれいや》 小学生《しょうがくせい》の女《おんな》の子《こ》だな！ ロキのことが好《す》きらしいぜ。でも、この子《こ》の中《なか》には北欧《ほくおう》の女神《めがみ》フレイヤが封《ふう》じられてるぜ!?

フレイヤ 北欧《ほくおう》の愛《あい》と豊穣《ほうじょう》の女神《めがみ》で、こいつは何故《なぜ》か人間界《にんげんかい》では大島玲也《おおしまれいや》になってる。ロキと昔《むかし》からいろいろあるみたいだな。

ウルド 神《かみ》と人間《にんげん》の運命《うんめい》を司《つかさど》るノルンの3女《め》神《がみ》の長女《ちょうじょ》がウルド。クールで何考《なにかんが》えてるかわかんねーよな。そこがミソ？

ヴェルダンディー 神《かみ》と人間《にんげん》の運命《うんめい》を司《つかさど》るノルンの3女《め》神《がみ》の次女《じじょ》がヴェルダンディー。マッドサイエンティストという噂《うわさ》だぜ？

スクルド 神《かみ》と人間《にんげん》の運命《うんめい》を司《つかさど》るノルンの3女《め》神《がみ》の三女《さんじょ》がスクルド。元気《げんき》すぎるくらい元気《げんき》で、ロキのファンだったらしーぜ。

東山和実《ひがしやまかずみ》 小学生《しょうがくせい》の姿《すがた》してるけど、本当《ほんとう》は北欧《ほくおう》のヘイムダル神《しん》。ロキの命《いのち》を狙《ねら》ってるらしい。陰険《いんけん》そーなトコがオレ的《てき》にかなりヤ。

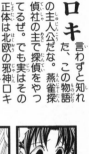

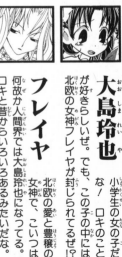

あらすじだぜっ!!

オッス! 皆元気《みんなげんき》に毎朝牛乳飲《まいあさぎゅうにゅうの》んでるかっ? 魔探偵《またんてい》ロキ、第《だい》5巻《かん》だぜっ。普段《ふだん》ならここはロキが説明《せつめい》するページなんだが、今日《きょう》は面倒《めんどう》だってオレに押《お》し付《つ》けやがった。おい、ロキ。ちゃんとこの分《ぶん》のギャラくれるんだろうーなっ? まぁ、アルバイトに行《い》くまでに少《すこ》し時間《じかん》があるし、とりあえず今《いま》までのあらすじを大雑把《おおざっぱ》に話《はな》すから聞《き》いてくれっ。

燕雀探偵社《えんじゃくたんていしゃ》は子供《こども》のロキが主《あるじ》で青年《せいねん》の闇野《やみの》がその身《み》の回《まわ》りを世話《せわ》しているという一風変《いっぷうか》わった探偵社《たんていしゃ》だ。まぁ頭《あたま》は悪《わる》くないロキと料理《りょうり》の上手《うま》い闇野《やみの》、それにオレのクラスメイトでミステリーマニアの大堂寺《だいどうじ》繭良《まゆら》が押《お》しかけ助手《じょしゅ》をして、舞《ま》い込《こ》む事件《じけん》を解決《かいけつ》してるんだ。オレも時《とき》には手伝《てつだ》うぜ(ノーギャラだけど)

実《じつ》はでっかい声《こえ》では言《い》えねーんだけど、ロキはあれでも神《かみ》サマなんだ。悪戯《いたずら》と欺瞞《ぎまん》を司《つかさど》る北欧《ほくおう》の神《かみ》だったんだが大神《たいしん》オーディンの命令《めいれい》で人間《にんげん》についた魔《ま》を落《お》としているらしい。お祓《はら》い探偵《たんてい》って訳《わけ》だ。一応《いちおう》オレもトール神《しん》って呼《よ》ばれる神《かみ》サマの一人《ひとり》なんだぜ。つまりロキとはお互《たが》い過去《かこ》を知《し》る長《なが》い付《つ》き合《あ》いって訳《わけ》。ここだけの話《はなし》、ロキって今《いま》は子供《こども》の姿《すがた》してるけど、本当《ほんとう》はまぁまぁ顔《かお》はいい男《おとこ》でさ、散々神界《さんざんしんかい》で女《おんな》を泣《な》かせてるんだぜー。プレイボーイロキとして知《し》らぬ者《もの》はいな…、いてっ! ロキ、何《なに》すんだっ!

……話《はなし》が**脱線《だっせん》**しちまったな。ロキの過去《かこ》はまたの機《き》会《かい》にバラすとして、実《じつ》はさ、最近《さいきん》のロキの周《まわ》りにオレと同《おな》じように人間界《にんげんかい》にやってくる神《かみ》サマがいるんだよな。それぞれに目的《もくてき》を持《も》っているらしいんだけど、それがいまいち判《わか》らねぇ。女神《めがみ》フレイヤは記憶《きおく》を封《ふう》じられて小学生《しょうがくせい》として生活《せいかつ》しているし、生意気《なまいき》なガキにしか見《み》えんヘイムダルはロキの命《いのち》を狙《ねら》ってる。運命《うんめい》の3女神《めがみ》とかいうノルンってのも来《き》てるんだけど、オレ、あまり詳《くわ》しくねーんだよな……。とにかく、ロキの周《まわ》りは騒《さわ》がしいから要注意《ようちゅうい》ってことだ! よく判《わか》ったかなっ?

おっと、バイトの時《じ》間《かん》だっ。遅刻《ちこく》は減給《げんきゅう》の対象《たいしょう》だから、もう行《い》くぜ! 皆《みんな》もおいしいバイトがあったら是非《ぜひ》オレに一報《いっぽう》くれっ。あれ、ロキ? どこ行《い》ったんだっ? この分《ぶん》のギャラくれるんじゃねーのかよ? こら、ロキ! どこだーっ!

さぁ本編へレッツゴゥ!!

THE MYTHICAL DETECTIVE LOKI 5TH

CONTENTS

第《だい》20夜《や》
剣道《ケンドウ》ノススメ

あと素振《すぶ》り100回《かい》!!
気合《きあい》入《い》れてけ〜〜!!
明鏡止水
正面打《しょうめんう》ち素振《すぶ》り
いーち
にーい
さーん
やぁ
張《は》り切《き》っとるねェ〜なるくんっ

かっかっかっ
HIRASAKA
さすがわしが見込《みこ》んだだけのコトはあるゾイ!
縄文《じょうもん》のオッちゃん!
どーだね子供剣道教室《こどもけんどうきょうしつ》の師範代《しはんだい》は慣《な》れたかね?
おうっ びしばし鍛《きた》えてやってるからなオレに任《まか》せとけよオッちゃん
おいてめー なる偉《えら》そーな口《くち》たたいてんじゃねーよっ
生徒《せいと》だけに素振《すぶ》りさせてるなんて良《よ》くないと思《おも》うよ〜〜〜
守破離の守だよ
先生が見本にならなきゃね!
〜〜〜……
うるせ——っっ
大人《おとな》の話《はなし》に口出《くちだ》すな!!
ブン
すか
わーい逃《に》げろォッ
イヤ〜なるくんは元気《げんき》良《よ》くていーよね
つん
つん
まったく近頃のガキは……

つんつん
う〜んイイカラダしとるな〜
ひゃはは やめれ〜
これぞ日本男児《にっぽんだんじ》!!
やはり男《おとこ》はカラダじゃよ
カラダ!! で勝負《しょうぶ》じゃっ
時代はマッチョDE GOだよな?
I♥マッチ
な? な?
はぁ…
なるくんにならー
この比良坂道場《ひらさかどうじょう》の跡取《あとと》りに最適《さいてき》なんだがのう…
な…っ
!?
どーかな…?
うちの娘《むすめ》弥生《やよい》と……
ニヤリ
HIRASAKA

何《なに》言《い》ってんだよ
オッチャン
オレまだ
高校生《こうこうせい》
だぜエ〜〜〜
かぁあぁっ
はてところで
弥生《やよい》はドコ
行《い》ったんかい
のォ〜〜〜
とぼ
とぼ
もーすぐ
昼《ひる》メシなのに…
とぼ
とぼ
とぼ
とぼ
〜〜〜〜…
うわぁ〜〜〜まじで!?
なる おめ〜弥生《やよい》サン
好《す》きなのかよ?
日本人《にっぽんじん》にあるまじき
だよね 謙遜《けんそん》の
気持《きも》ちが足《た》りないよ
素振《すぶ》り
500回《かい》〜〜〜
〜〜〜〜!!

カチャリ
……
さーて
コレで全部《ぜんぶ》
ですかねェ〜
キュル
キュル
キュルル〜ッ
闇野指差し確認中《やみのゆびさかくにんちゅう》!!
キケン
楽《たの》しそーらな
ビビンバ
ヤミノ
え?
判《わか》ります?
あいつ
病気《びょうき》ら?
かまぼこじゃ
ねーんだら
ーーー
ええっ
ですから私《わたし》が
ロキ様《さま》の手《て》と
なり足《あし》となり…
看病《かんびょう》マニアは
塩《しお》コショーで
まったり……
おーーーい…
ヤミノく…ん
あっ
ハイハイ
ハイ!!
ばんっ
ハイ〜いかが
なされましたか?
呼《よ》ばれて飛《と》び出《で》て
なんとやら
ロキ様《さま》の
お助《たす》けヤミノ
ただいま推参《すいさん》に
ございますぅ〜〜〜

いてて…
眼帯《がんたい》ズレてない？これでいーのかな……
う〜ん ここをもーちょと……うむうむ
しかし── なんなんでしょーねェ 急《きゅう》に右目《みぎめ》が痛《いた》み出《だ》すなんて ものもらいでしょうか
……
それよりもさっきから何《なに》してんの？ヤミノくん

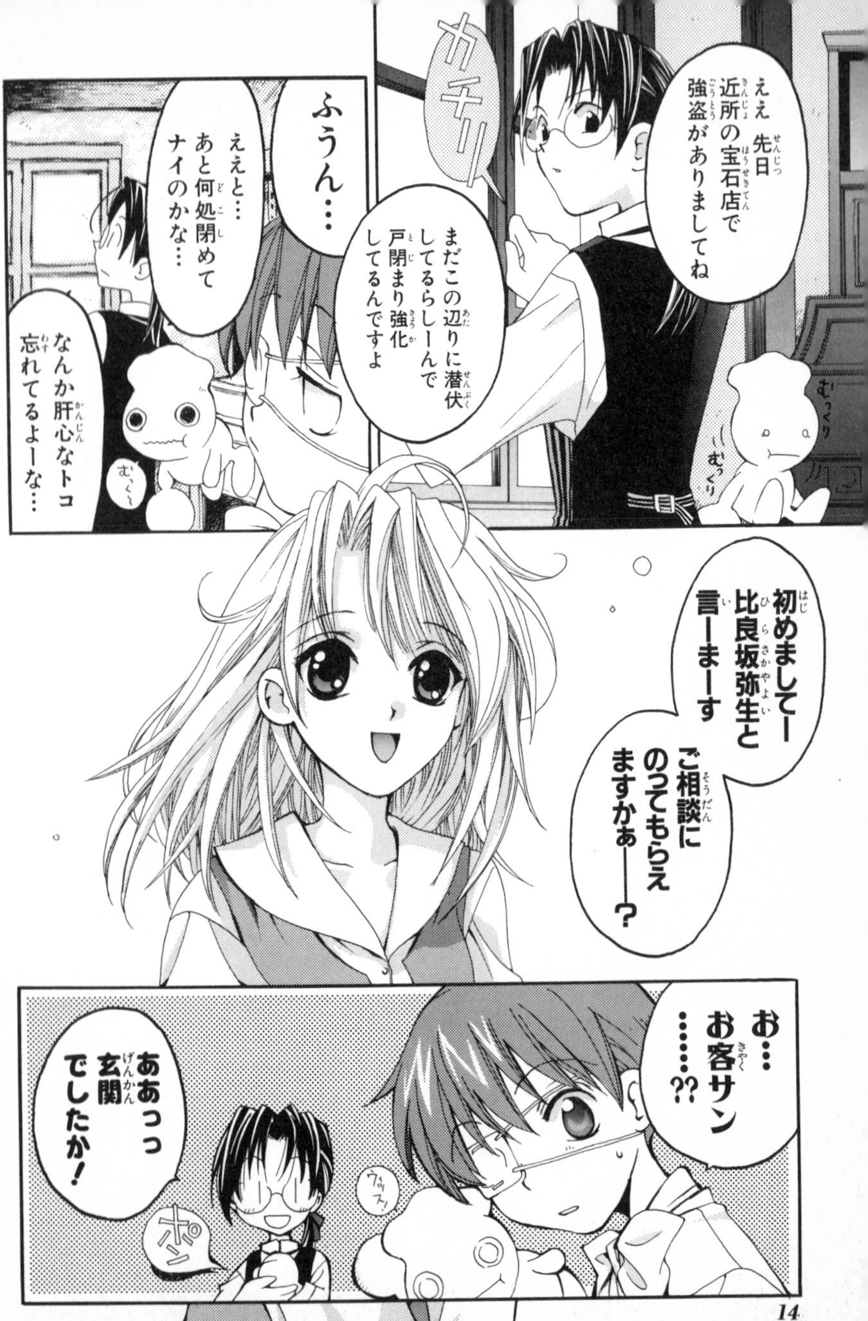
ええ 先日《せんじつ》
近所《きんじょ》の宝石店《ほうせきてん》で
強盗《ごうとう》がありましてね
カチリ
まだこの辺《あた》りに潜伏《せんぷく》してるらしーんで 戸閉《とじ》まり強化《きょうか》してるんですよ
むっくり
むっくり
ふうん…
ええと… あと何処《どこ》閉《し》めて ナイのかな…
なんか肝心《かんじん》なトコ 忘《わす》れてるよーな…
むぐ~
初《はじ》めましてー 比良坂弥生《ひらさかやよい》と 言《い》ーまーす
ご相談《そうだん》に のってもらえ ますかぁ——?
お… お客《きゃく》サン ……??
ああっっ 玄関《げんかん》 でしたか!
ウッス!
ポン

どーします？ ロキ様《さま》 今《いま》 体調《たいちょう》優《すぐ》れないって言《い》って帰《かえ》ってもらいますか？
イヤ 気分転換《きぶんてんかん》にちょっと聞《き》ーてみよーよ
かわい子《こ》ちゃんで憂鬱気分《ゆううつきぶん》を払拭《ふっしょく》〜〜
で？ 弥生《やよい》ちゃんどーしたの？
あのですね―― 実《じつ》は私《わたし》の隣《となり》の学習塾《がくしゅうじゅく》のコトで…
はあ… 何《なに》かありましたか？
経営不振《けいえいふしん》なんですぅ〜〜〜
??
この地域《ちいき》って別《べつ》に子供《こども》の数《かず》が少《すく》ないワケでもナイし…
??
やっぱり学者肌《がくしゃはだ》の人《ひと》は商才《しょうさい》に恵《めぐ》まれてナイんでしょーか？

え〜〜〜!?!!
ここ経営《けいえい》コンサルティングじゃないんですかあ〜〜〜!?
探偵社ってなに〜〜〜!?
ばさばさ
だって……っ
…あ……
コレ住所《じゅうしょ》隣町《となりまち》でしたあ〜
す…すいません…
私《わたし》ってばいつもこーなんです…

いや…そんな泣《な》かなくても……
うっ…うっう…
ああっ
がばっ
いっけない私《わたし》…今日《きょう》はお昼《ひる》ご飯《はん》作《つく》らなくちゃいけないのに…
鳴神《なるがみ》サンおなかすかして待《ま》ってるわ〜〜
鳴神《なるがみ》!?
あ 知《し》ってます〜? 今《いま》うちで近所《きんじょ》の子《こ》たちに剣道教《けんどうおし》えてくれてるんですぅ〜

いやあ〜〜〜 うまいっ
やっぱ弥生《やよい》サンの料理《りょうり》は抜群《ばつぐん》だ〜〜
ごめんなさい鳴神《なるがみ》サン ソレ コンビニ弁当《べんとう》なんですぅ〜〜 時間《じかん》なくって…
え!?
い…いやその この選択《せんたく》が またいい!!
ソレしか残《のこ》ってなかったんです…
ははは 必死《ひっし》だよ
え?
ニヤニヤニヤ

ペこっ
じゃっ私《わたし》 子供《こども》たちに お茶《ちゃ》いれてあげないと いけないんで
あ 私《わたし》も 手伝《てつだ》います〜〜〜
なんだロキ その右目《みぎめ》は？
ん〜〜〜… よく判《わか》んない…
しかし〜〜キミ 剣道《けんどう》ちゃんと 知《し》ってんの〜
むむっ失礼《しつれい》な オレはな この道場《どうじょう》の師範《しはん》 縄文先生《じょうもんせんせい》にスカウト されたんだぜー
エッヘン!!
どこでー??
アレは道《みち》ばたで 100m《メートル》先《さき》に100円玉《えんだま》を 見《み》つけた時《とき》のこと じゃったぁ……
コックリ コックリ
100円《えん》…
どーやってスカウトと つながるっちゅーねん
誰《だれ》かが先《さき》にその100円《えん》を 拾《ひろ》おーとしたワケよ
おっ ラッキィ★
!?
オレが先だあぁ〜〜!!
ドドドドドド
めん

ぱしん
掠奪完遂!!
交番に届けましょーね。
なんと見事な木刀捌き!!
めでたしめでたし。
パンパン
はい〜??
どーします?
ロキ様《さま》に聞《き》ーてみましょーか
?どしたの?
裏《うら》の空地《あきち》の崖《がけ》のトコに誰《だれ》かいるみたいなの…
どーしたんすかっ弥生《やよい》サン!!

確《たし》かに怪《あや》しー奴《やつ》だな…
!
あっナルカミくん待《ま》っ……
ズズーーー
何《なに》やってんだてめエ

だ
だっだ
だ
だっ大堂寺《だいどうじ》っっ
いったぁーい!
すまん!!
…ってゆーか…。
何《なに》してんの…まゆら
あいかわらずよく判らん奴…
も・ち・ろ・ん
古代遺跡《こだいいせき》発掘《はっくつ》よォ〜〜〜♡
かぽっ
こんなトコで〜〜〜!?

うふふ～
こんなトコロ・・・ってのがミソなのよ――
見《み》てよこの×印《じるし》！
止めてやれよ ロキ……
止めてみせてよナルカミくん……
ここにもあそこにも！
それが？
噂《うわさ》なんだけどっ
秘密調査隊《ひみつちょうさたい》が目《め》をつけてるって……
～～～
あら？
お知《し》り合《あ》いだったの？
まゆらサン！
この人《ひと》怪《あや》しー人《ひと》だけど危害《きがい》加《くわ》えないんで放《ほう》っといても大丈夫《だいじょうぶ》です
多分。
!?

そーなんですかぁ頑張《がんば》ってくだサイねー
それでいーのか…
あ
鳴神《なるがみ》サンソロソロお昼休《ひるやす》み終《お》わりますよー
ハ〜イ
午後も気合いだ〜
古代遺跡《こだいいせき》ねェ…
集合《しゅうごう》!!
ワーイ
近頃《ちかごろ》の子供《ガキ》ときたら〜〜〜
威厳《いげん》がナイのねナルカミくん

え――剣道《けんどう》には「礼《れい》に始《はじ》まり礼《れい》に終《お》わる」という言葉《ことば》がありマス
この「礼《れい》」という言葉《ことば》の意味《いみ》は御存知《ごぞんじ》かな？
身《み》の回《まわ》りの物《もの》に感謝《かんしゃ》の気持《きも》ちを尽《つ》くすというコトです
お父《とう》さんお母《かあ》さん先生《せんせい》や友達《ともだち》の心《こころ》を大切《たいせつ》にし
思《おも》いやりのある強《つよ》い人《ひと》になりましょう!!
オイオイロキ〜〜〜
オーーッ!!
えーなんでロキのゆーコトは聞《き》くわけー??

あれから式神《しきがみ》も まだ帰《かえ》ってきて ないし……
ノルンが一体《いったい》 何《なに》をしよーと してたのかも…
オーディンのコトも ヘイムダルの 詭弁《きべん》なんだろーか…
また 明日《あした》ねー
あれ？ 稽古《けいこ》 終《お》わったの？
ボクらは 早退《そうたい》なの 隣《となり》の塾《じゅく》の 時間《じかん》だから
ああ 弥生《やよい》サンが 言《い》ってた 経営不振《けいえいふしん》の……

一緒《いっしょ》に
行《い》こーよ
ロキくんっ
ガッ
え!?
じぃ
じぃ
じぃ
話《はな》したいコト
いっぱいあるし
!
話《はなし》って…
砵彼らと
何を話せば
いーのだ!?
ドキ ドキ ドキ ドキ ドキ ドキ ドキ ドキ
キミ探偵《たんてい》なん
でしょ?
かっこい〜〜〜!!
近所《きんじょ》で
噂《うわさ》だよ子供《こども》で
探偵《たんてい》って!
そーなの?
倉本学習塾
生徒募集中!
なんで眼帯《がんたい》
してんの――?
やっぱ
アレじゃん
怪盗《かいとう》との熱《あつ》い
バトル!?
助《たす》けて〜〜〜
それにしても
倉本先生《くらもとせんせい》遅《おそ》いねェー
また隣《となり》の
弥生《やよい》サンと会《あ》ってん
じゃないの?

あれって…
おおぐま座
カシオペア座
北極星
北斗七星
こぐま座
北《きた》の空《そら》の星座《せいざ》地図《ちず》じゃない？
うん 倉本先生《くらもとせんせい》はね ロマンチストだから 星《ほし》が大好《だいす》き なんだよ――
……
あ〜〜 用事《ようじ》思《おも》い出《だ》しちゃった 行《い》かなきゃ！
もうすぐ怪人《かいじん》889面相《めんそう》の犯行《はんこう》予告《よこく》時間《じかん》なんだ！
ちぇー じゃーしょーがないか――
また一緒《いっしょ》に遊《あそ》ぼーねー
えーーッ ダメだよっ もっと遊《あそ》ぼうよ!!
ガラッ。
変《へん》な大人《おとな》相手《あいて》にするより頭《あたま》使《つか》うな…
ピタン

ハイお弁当《べんとう》頑張《がんば》ってね！倉本《くらもと》サン
ありがとう弥生《やよい》サン……
いつも…心配《しんぱい》かけてすまない…
何《なに》言《い》ってるのよ〜〜
でもソレも今晩《こんばん》でおしまいだよ
もうキミを心配《しんぱい》させない
どーして？
明日《あした》はキミの誕生日《たんじょうび》だから……
？

…成程《なるほど》
このながめは…!!
!
ロキくん!手伝《てつだ》いに来《き》てくれたの?
…まさか…
あのね―大発見《だいはっけん》よう見《み》て見《み》てこの貝《かい》ガラ!
へ?

ここ貝塚《かいづか》だったのよォォ
うっそー!?
そんなコトって……
ヤ…ヤミノくん何《なに》やってんの?
あっロキ様《さま》!
あまりにもまゆらサンが哀《あわ》れなので昨日《きのう》のしじみの味噌汁《みそしる》のカラを埋《う》めてみました…
い～のかな～そんなコトして…
古代ミステリィなのねーん♥
やっぱココにいたかロキ稽古《けいこ》終《お》わったぜィ
そう…じゃあもう暗《くら》くなったし帰《かえ》ろーかね
えーーもぉちょっと～～～
ダメ～～～

ねェ ナルカミくん 剣道教室《けんどうきょうしつ》楽《たの》しー？
ああっ もちろん だぜ？
…弥生《やよい》サンがいるからでしょ？
!!
…ん～まぁ ソレもある…かなぁ
いい子《こ》だし…
……
その弥生《やよい》サンのコトで話《はなし》があるんだけど…

な…ない
どこへ…
おいお前《まえ》だな
弥生《やよい》サンに
付《つ》きまとう
不埒《ふらち》な野郎《やろう》とは

この正義《せいぎ》の味方《みかた》が
成敗《せいばい》してくれるぜ
忙《いそが》しーんだ 後《あと》にしてくれないか
だーーッ

…の野郎《やろ》…っ
!?
なんだ!? 荒削《あらけず》りだが 筋《すじ》はいーぞ…?
誰《だれ》だよ!?
しかーしっ そこまでだっ 〜〜〜っっ

ドザッ
修業《しゅぎょう》が足《た》りんぞ！

立《た》てよ…オイ
ぐったり
え?
うわっやべっ
やり過《す》ぎたか!?
うっそ〜〜!!
ナルカミくん
救急車《きゅうきゅうしゃ》
呼《よ》ばないと!!
そーかっ
そーだな!
さて…
起《お》きよーよ
倉本《くらもと》サン

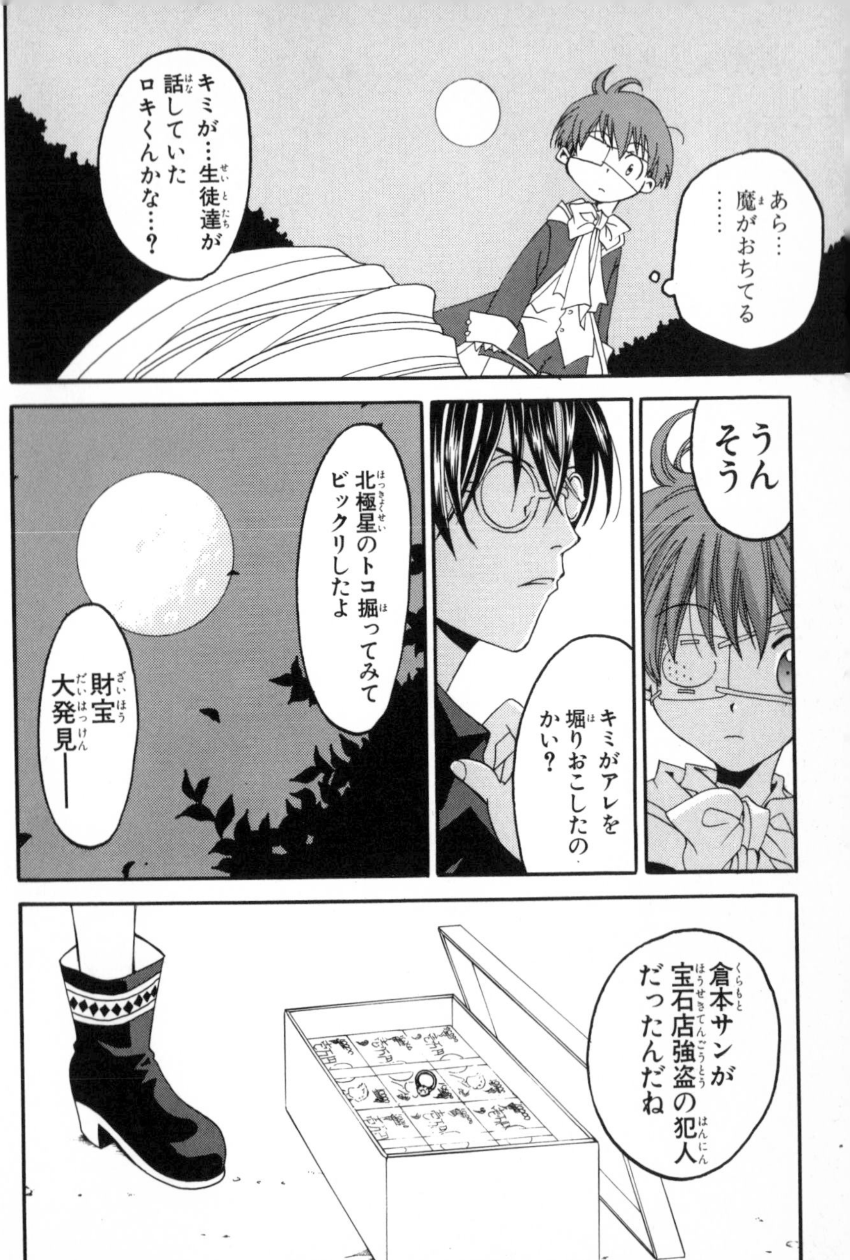

あら…魔《ま》がおちてる……
キミが…生徒《せいと》達《たち》が話《はな》していたロキくんかな…？
うんそう
キミがアレを掘《ほ》りおこしたのかい？
北極星《ほっきょくせい》のトコ掘《ほ》ってみてビックリしたよ
財宝《ざいほう》大発見《だいはっけん》——
倉本《くらもと》サンが宝石店強盗《ほうせきてんごうとう》の犯人《はんにん》だったんだね

よく崖《がけ》の×印《じるし》が北《きた》の空《そら》の星座《せいざ》だって判《わか》ったね
ホラボク眼帯《がんたい》してるでしょ!?
片目《かため》だったから崖《がけ》が平面的《へいめんてき》に見《み》えたんだよね
人間《にんげん》の目《め》は左右《さゆう》で少《すこ》しずつずれた視点《してん》を統合《とうごう》して立体感《りったいかん》を得《え》ているので片目《かため》だけだと平面的《へいめんてき》に見《み》えやすくなる
倉本《くらもと》サンの塾《じゅく》に貼《は》ってあった北《きた》の空《そら》の図《ず》には北極星《ほっきょくせい》にピンが差《さ》してあったけど
あれって…
おおぐま座
カシオペア座
北極星
北斗七星
こぐま座
北《きた》の空《そら》の星座地図《せいざちず》じゃない?
崖《がけ》の×印《じるし》も北《きた》の空《そら》の図《ず》に見《み》えるのに北極星《ほっきょくせい》のトコに印《しるし》がついてない
だからここには何《なに》かあるって思《おも》ったんだ

倉本《くらもと》サンはさ――
塾《じゅく》が経営《けいえい》不振《ふしん》で
弥生《やよい》サンを心配《しんぱい》させてる
のが心苦《こころぐる》しかったん
でしょ?
でもさ――彼女《かのじょ》を
安心《あんしん》させるなら
他《ほか》にやり方《かた》
なんていくらでも
アルじゃない
そーかな…
そーだよ!
ええ――!?
オレバイトクビ
っすかあぁ!?

HIRASAKA
すまんのぅ… なるくん 隣《とな》りの塾講師《じゅくこうし》がわしに 弟子《でし》入りしたいと 言《い》ってきてな～～～
どもども…
く…
倉本《くらもと》サン…ッ
私《わたし》うれしいっ!! これがあなたが 言《い》ってたプレゼント なのねっ
弥生《やよい》サン…
そ…っ そんなぁ～～～
なる! 男《おとこ》らしくねーぞ! 「礼《れい》に始《はじ》まり 礼《れい》に終《お》わる」 でしょ!?
くっ…

頑張《がんば》れよ！
倉本《くらもと》サンっ
へ〜〜〜
珍《めずら》しーーーコトも
あるもん
ですねェ〜
こないだの
宝石店強盗《ほうせきてんごうとう》
今朝《けさ》 全品《ぜんぴん》すべて
店《みせ》の前《まえ》に返《かえ》され
てたんですって！
ふ〜〜〜ん…
よかったじゃん
ボクも
よーやく目《め》の痛《いた》みも
治《おさ》まってきたなぁ…
おおっ
それは素晴《すば》ら
しい!!

どーですか？ロキ様《さま》
イヤ…
恨《うら》みがましー奴《やつ》……

ロキく───んっっ
大発見《だいはっけん》よう!!
ギクゥ
ドタ
ドタ
この貝《かい》がらよく調《しら》べてみたらお味噌汁《みそしる》の匂《にお》いがするの!
名推理!!
あの場所《ばしょ》では大昔《おおむかし》の人々《ひとびと》は すでに味噌《みそ》を作《つく》る技術《ぎじゅつ》を持《も》っていたのよ!!
名付《なづ》けて「まゆら味噌遺跡《みそいせき》」!!
!!
ヤミノくん… どーすんのよ…
これから地層センター行くのっ
いっしょにいくーって
ああ… もっと哀《あわ》れに…

第《だい》21夜《や》 夢幻《むげん》の花《はな》

お姉《ねー》サン
すっごい美人《びじん》!
見《み》かけないね
誰《だれ》?
ふふふっ
人間界《にんげんかい》も
なかなか楽《たの》しい
じゃない――
私《わたし》……?
私《わたし》は……
愛《あい》と豊穣《ほうじょう》の女神《めがみ》
フレイヤよ!
知《し》らないの?
覚《おぼ》えて
おきなさい!
ハ…ハイ…

ふぁぁ…
よく寝《ね》た…
ヤミノ
く〜〜ん
——ってそーか……
ヤミノくんは今日《きょう》
まゆらと買《か》い物《もの》に…
ん——……
!?
な…っ

あ～あ毎日《まいにち》バイトバイト……
ドーナッツも食《あ》べ飽《あ》きた…
オレって天下《てんか》のトール神《しん》なのに……どして～？
キャッあの人《ひと》美形《びけい》！
かっこい～
ザワッ
きゃ～ん♡
ん？客《きゃく》か？
いらっしゃいませ～～～!!
ただいま全品《ぜんぴん》3割引《わりび》きとな…
エンゼルクリームと…
カレードーナッツと……

にこっ
やあ ナルカミくん がんばってるねェ〜
キャー
ロキ〜〜!?
DAISUKI
Donut
ジュー
…… バイト いーの…?
バイトどころじゃ ねーだろっ
ドーナツ飽きたんだよっ ハラ減ったんだよ 悪りィか えぇーコラ!
ハイハイハイ キャベツで かきねを作るーッ
なんでイキナリ 元《もと》の姿《すがた》に戻《もど》ってんだよ!?
きたねーゾッ
ボクにも判《わか》んないよ 昼寝《ひるね》から起《お》きたら こーなっててさ
あちちっ
なにコレホントに こーやって食《た》べんの?
こー ヘラで押してだな あ、自分で味付けしてみて
はあ ふん ふん
お戻《もど》りになられた感想《かんそう》は いかがですか? ロキ様《さま》
焼けてるんだか ないんだか。
あむあむ

ぷにーーー
ノルンのヴェルダンディー!!
ぷにゃお!
ロキたん〜
おーよしよし
会《あ》いたかったよ
えっちゃん
この子《こ》を
お返《かえ》しに
参《まい》りましたのよ
スクルドがどーしても
自分《じぶん》が行《い》きたいと
言《い》ってたんですけどねー
大人ロキ様に
会いたあぁぁいい!!
キィィ
—コレ…ノルンの
仕業《しわざ》だったんだな
ドン
おらおら
邪魔《じゃま》だよ!!
はいよ
コーンもんじゃ
まあ
座《すわ》れや
あっ
ジューーー
……

キミ達《たち》はボクに何《なに》を望《のぞ》んでいるんだ？
ロキ様《さま》に魔落《まお》としを続《つづ》けて頂《いただ》きたいんです
だってボクはオーディンに裏切《うらぎ》られたんだろ？せっかく前《まえ》のよーに魔力《まりょく》が自由《じゆう》になるなら
これからナルカミくんと神界《しんかい》に戻《もど》ってオーディンに対面《たいめん》しよーかと思《おも》ってるんだけどね
かっこいーぜロキ!!
やっほう!!帰《かえ》れるぅ〜♡
あ ソレは無理《むり》です ソレ一時的《いちじてき》なものですから
はふはふはふ
そっそーなの??
ですからね魔落《まお》としてロキ様《さま》自身《じしん》が魔力《まりょく》をためて頂《いただ》くんですよ
キチンと元《もと》に戻《もど》るにはソレしかないんです

……そんなのって……
ホントに捨《す》てられたみたいだな
オーディンは
……ボクのコトが嫌《きら》いになっちゃったのかな……
……
でも…あのオヤジ(?)けっこー寛大《かんだい》だぜ?
お前《まえ》 地上《ちじょう》に落《お》とされる前《まえ》に何《なに》やらかしたんだよ?
いろいろ……とね
にたっ
邪神っ!!
ところでフレイヤ様《さま》に会《あ》いました? ロキ様《さま》
え!?

おかしーですねェ… ロキ様《さま》を捜《さが》しに いらしてるハズ なんですケド…
そっそんなコト 言《い》ってる場合《ばあい》かよ!?
あんなの野放《のばな》しに してたら危険《きけん》だぜ!?
ええ のんびり 捜《さが》しますわ
オホホホ
おい… ロキ…
うん… ボク達《たち》に捜《さが》せって 言《い》ってるよな… アレがヤツの やり方《かた》だ…
どこから 捜《さが》すよ? ロキ
光《こう》ちゃんだ!

金髪《きんぱつ》の女《おんな》？
いたぜ？フレイヤちゃんだろ？
いいねェあーゆーピリッとゴージャスな美人《びじん》は…
ビンゴ!!
んでどこ行《い》ったか知《し》らんか!?
誰《だれ》か捜《さが》してるみたいだったな〜〜〜でも黒服《くろふく》のガラの悪《わる》い男《おとこ》に声《こえ》かけられてどっか行《い》っちまったぜ――
黒服《くろふく》…？
どこで声《こえ》かけられてた？
ひょい。
ゲーセンの入《い》り口《ぐち》で…
ソコ行《い》ってみよナルカミくん
おう！
……

おいお前《まえ》
探偵《たんてー》だろ?
なっ…
なーんてね
んなワケ
ねーか
はははは
あなどり
がたし
垣ノ内《かきのうち》の血《ち》…
はっはっは
買《か》い過《す》ぎました
かねぇ〜
ロキくんの
おみやげにケーキも
買《か》ったし
きゃっ
どしん

いたた……
あ〜んケーキがぁ…
ごめんごめん…
ゲッ まゆら……!!
ガーー
じいいいっ
うっ
ホ〜
ふふんっ みとれろ オトメ!!
ヘンな感じ〜
ロ…ッ
こっちこそよそ見《み》しててゴメンなさい
早《はや》くこっち来《こ》いよロキ!!
しっ
アデュー!
ちょこん。
かっこよかったねー今《いま》の人《ひと》〜〜〜
〜ぴろ〜ぴろ〜
え!? はっ はいそりゃもちろん…っ
わはははは
?
まゆまゆ
カクカクカクカク

…でも 今《いま》の人《ひと》って …なんとなく…
ああ あせった…
おいっロキ アレ見《み》ろよ! 金髪《きんぱつ》の女《おんな》…!
フレイヤかなーーって
おいロキッ
なんだ そのほほえみはっ
もしもし お嬢《じょー》さん♡

遅《おそ》かったじゃな〜い
あら!?イイ男《おとこ》ね許《ゆる》してあげるわん〜〜〜
ギャーッオカマッ!?
でも兄貴《あにき》はご立腹《りっぷく》よ
ちょっと待《ま》ってて呼《よ》んでくるから!
……どーなってんだ?
さぁ…
困《こま》るぜ…あんたら何《なに》かヤバイコトでもあったのかと思《おも》っちまったじゃねーか
ドンッ
金《かね》はつくってきた!早《はや》くブツのありかに連《つ》れてけ!
!
あ〜〜〜ッ

お前《まえ》は…っ
まっ ますみちゃ…
麻《ま》薬《やく》密《みつ》売《ばい》組《そ》織《しき》の指《し》名《めい》手《て》配《はい》犯《はん》!!!
ゲッ サツ!?
ドン
待《ま》て〜〜!!
ギャ
麻《ま》薬《やく》…密《みつ》売《ばい》……!?
おいコラ逃げんな!!
きゃんっ
あっあたし仲介人《ちゅうかいにん》なだけよ!!
あいつの目印《めじるし》になってただけなんだってばっ
金髪美人《きんぱつびじん》って!
美人《びじん》…?
とゆーコトはフレイヤは…

フン フン フ〜ン
♪
ああ 極楽《ごくらく》〜〜〜
ホント 人間界《にんげんかい》って 楽《たの》し〜わぁ〜
ああ… とんだ バイヤー だよなぁ〜
ちらっ
ゴン!
でっ

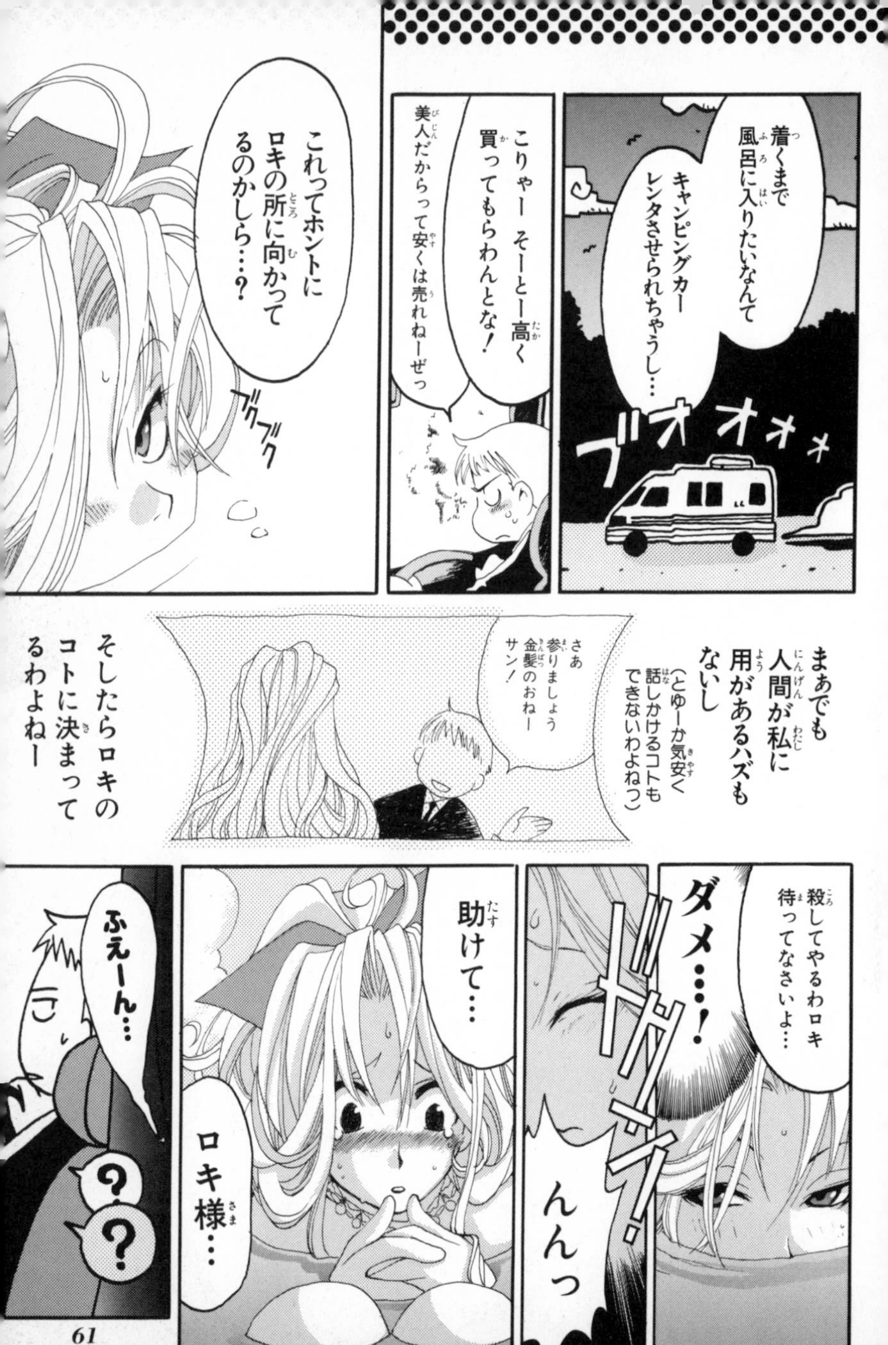
着《つ》くまで風呂《ふろ》に入《はい》りたいなんて
キャンピングカーレンタさせられちゃうし…
ブオオオォ
こりゃーそーとー高《たか》く買《か》ってもらわんとな!
美人《びじん》だからって安《やす》くは売《う》れねーぜっ
これってホントにロキの所《ところ》に向《む》かってるのかしら…?
ブクブク
まぁでも人間《にんげん》が私《わたし》に用《よう》があるハズもないし
(とゆーか気安《きやす》く話《はな》しかけるコトもできないわよねっ)
さぁ参《まい》りましょう金髪《きんぱつ》のおねーサン!
そしたらロキのコトに決《き》まってるわよねー
殺《ころ》してやるわロキ待《ま》ってなさいよ…
ダメ…!
んんっ
助《たす》けて…
ロキ様《さま》…
ふぇーん…
??

つまりっこーゆーコトだな。
フレイヤは間違《まちが》われて麻薬《まやく》の取《と》り引《ひ》き現場《げんば》に連《つ》れてかれてしまった…
あのオカマに聞《き》ーて場所《ばしょ》は判《わか》ったケド…
ちず
けっこ～～～遠《とお》いよなぁ…
どーするロキ?
ホレ急《いそ》ぐよナルカミくん!
カッ
カッ
わーーっっ

ケーキも
買《か》い直《なお》したし
そろそろ帰《かえ》りましょーか闇《やみ》野《の》サン
ロキ様《さま》何《なに》してるんでしょ…
キャアア 馬《うま》〜
まさか…っこんな街中《まちなか》に…
きゃあああああ
ニッ
ああ鳴神《なるがみ》サンとロキ様《さま》は一体《いったい》何《なに》を〜〜〜!?
悔が倍増!!
ぐるんぐるん
おた

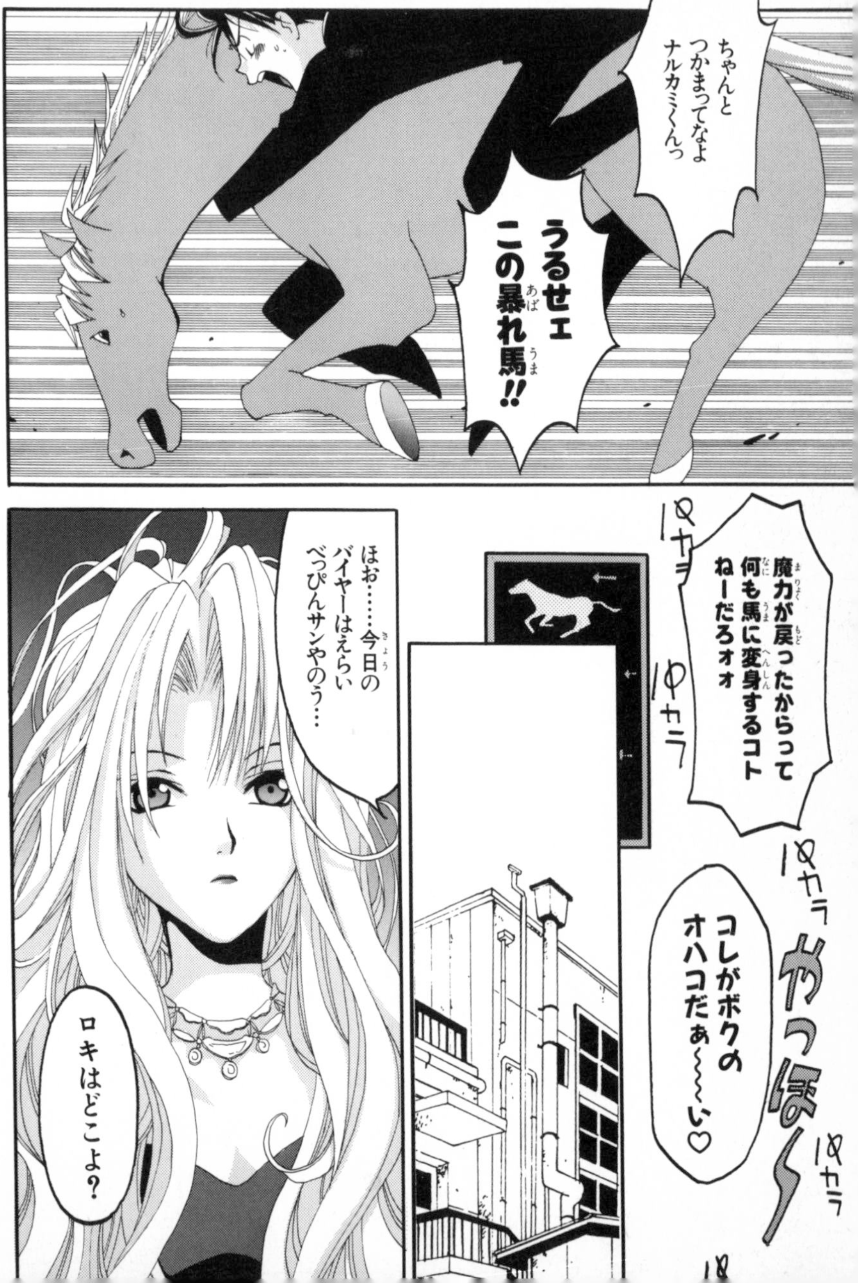
ちゃんと
つかまってなよ
ナルカミくんっ
うるせェ
この暴《あば》れ馬《うま》!!
ゆカラ
魔力《まりょく》が戻《もど》ったからって
何《なに》も馬《うま》に変身《へんしん》するコト
ねーだろォォ
ゆカラ
ゆカラ
やっほ〜
ゆカラ
コレがボクの
オハコだぁ〜〜〜い♡
ほお……今日《きょう》の
バイヤーはえらい
べっぴんサンやのう…
ロキはどこよ?

ロキ…??
そーよロキロキロキロキ
出《だ》しなサイ 早《はや》く!!
ドンドンドン
ああキログラムですね……
せっかちなお客サンだ〜
不審人物《ふしんじんぶつ》がこの建物《たてもの》に入《はい》り込《こ》んだ 手《て》を貸《か》せ!
なっ なんだとっ
ガタッ
申《もう》し訳《わけ》ないっ 少々《しょうしょう》取《と》り引《ひ》き お待《ま》ち願《ねが》おう! 客人《きゃくじん》っ
フフ…ッ
やっと会《あ》えるわね…ロキ
なんだぁ〜ココ 廃工場《はいこうじょう》じゃねーか ホントにココなのかよ?
どーやら元《もと》は穀物加工場《こくもつかこうじょう》だったよーだね…

もっ
普通《ふつう》の廃工場《はいこうじょう》じゃナイみたいだよ
ラッ!
いくよっナルカミくん!!

ははっ
ロキ人気者《にんきもの》だな
お迎《むか》えが
いっぱいだぜ？
ズ
おう!!

ドカッ
はっ
げはっ
うふふーーっ 手足《てあし》が長《なが》いと 気持《きも》ちいい〜〜〜
おいっ ロキ！
危《あぶ》ねーっっ
そして……

ブゴオ!!
魔法《まほう》だって使《つか》えちゃう♡
暴《あば》れてんな〜オイ…
そお?
——だって今《いま》ので敵《てき》が残《のこ》らず倒《たお》れてしまった…
プシュー
あちゃちゃ久《ひさ》しぶりで抑《おさ》えらんなかった……——

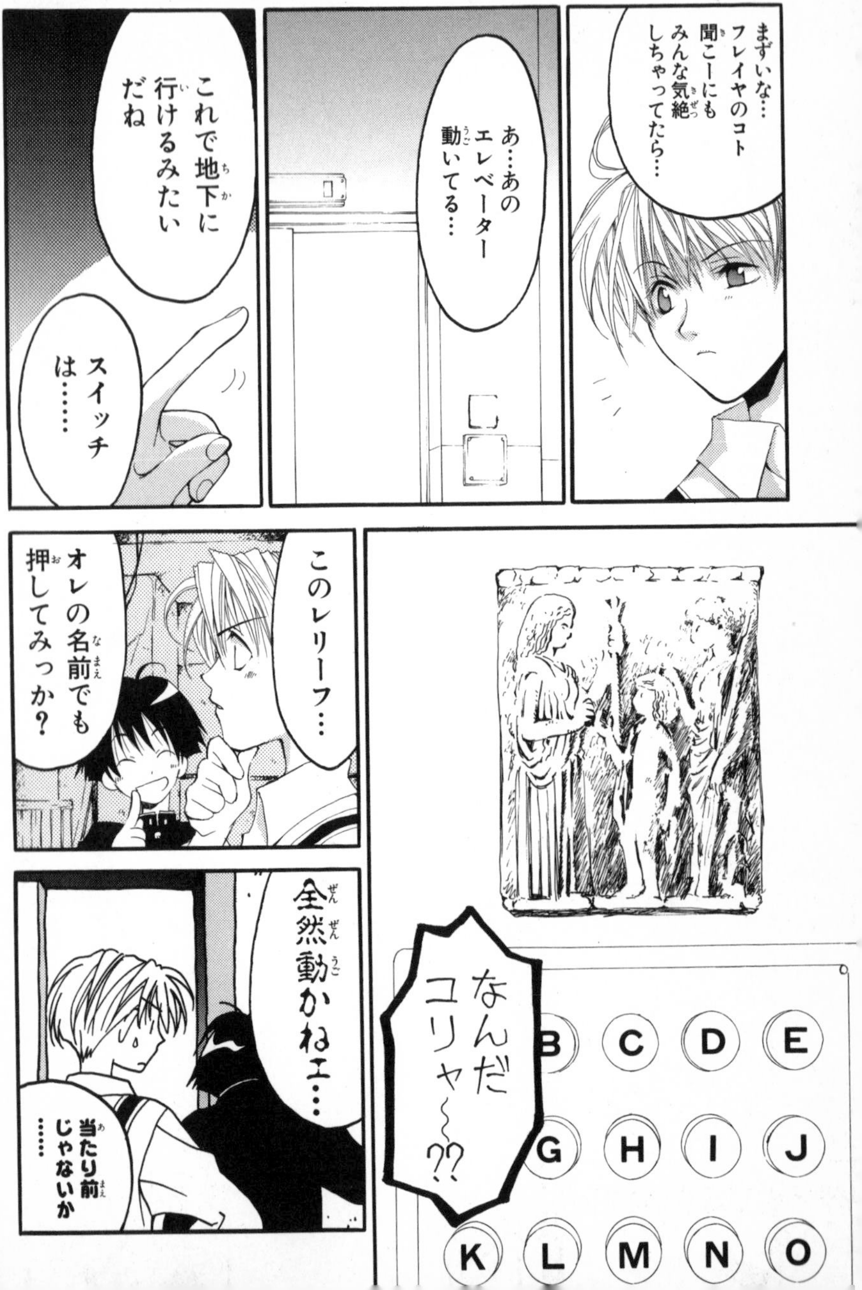
まずいな…フレイヤのコト聞《き》こーにもみんな気絶《きぜつ》しちゃってたら…
あ…あのエレベーター動《うご》いてる…
これで地下《ちか》に行《い》けるみたいだね
スイッチは……
なんだコリャ～??
B C D E
G H I J
K L M N O
このレリーフ…
オレの名前《なまえ》でも押《お》してみっか?
全然《ぜんぜん》動《うご》かねェ…
当《あ》たり前《まえ》じゃないか……

なーんで当《あ》たり前《まえ》なんだよ〜〜
暗号《あんごう》なんだろーよ…
この麻薬密売組織《まやくみつばいそしき》のアジトである穀物加工工場《こくもつかこうこうじょう》の…
穀物《こくもつ》…!!そーかっ
ポンッ
デ・メ・テ・ルと…
DEMETER
あんだって?
ギリシャ神話《しんわ》の穀物《こくもつ》の女神《めがみ》だよ
ここは穀物加工工場跡《こくもつかこうこうじょうあと》だしあのレリーフはデメテルを描《えが》いたものなんだよ——
シ〜〜ン
え!?動《うご》かない?
おっかしイな〜〜
おぬしもまだまだじゃのう〜
カッカッカッ
そんな…あっつじゃあコレかな!?
ピッ
ピッ
ピッ
ピッ
動《うご》いた!!
ウィ〜〜ン

なんて入力《にゅうりょく》したんだロキ?
「ケレス」だよ
CERES
ケレスはデメテルと同一視《どういつし》されたローマ神話《しんわ》の女神《めがみ》で麻薬《まやく》の元《もと》となるケシの花《はな》で眠《ねむ》りについたと言《い》われているんだ
ガーー
ゲームのダンジョンみたいだな……
女神《めがみ》のパスワードで女神《めがみ》フレイヤに会《あ》いに行《い》くワケね…
ウィーーーン
でもさ…
…なんでフレイヤはボクを殺《ころ》したがっているんだろう?

お前《まえ》がフレイヤをふったからじゃナイのか…？
びえ〜ん!!
な…
なに ソレ……？
チーーン。
フレイヤがボクのコトを——!?
全然《ぜんぜん》知《し》らないよ!!
来《き》やがったっ
ガー
だっだっ
うるさいなぁもう!
ドッ
どあっ

なんだお前《まえ》
ふったコトも
忘《わす》れてんのか？
うひゃひゃ
プレイボーイは
これだから…
ヤレヤレ…
ひゃひゃひゃ
うだぁー
知《し》らないん
だってば!!
第一《だいいち》……
あの気位《きぐらい》の
高《たか》いフレイヤが
ボクなんかを…
これは……

フム…ここでケシを栽培《さいばい》して麻薬《まやく》を精製《せいせい》していたワケか…
フレイヤは――
ゴオッ
おわっ!!

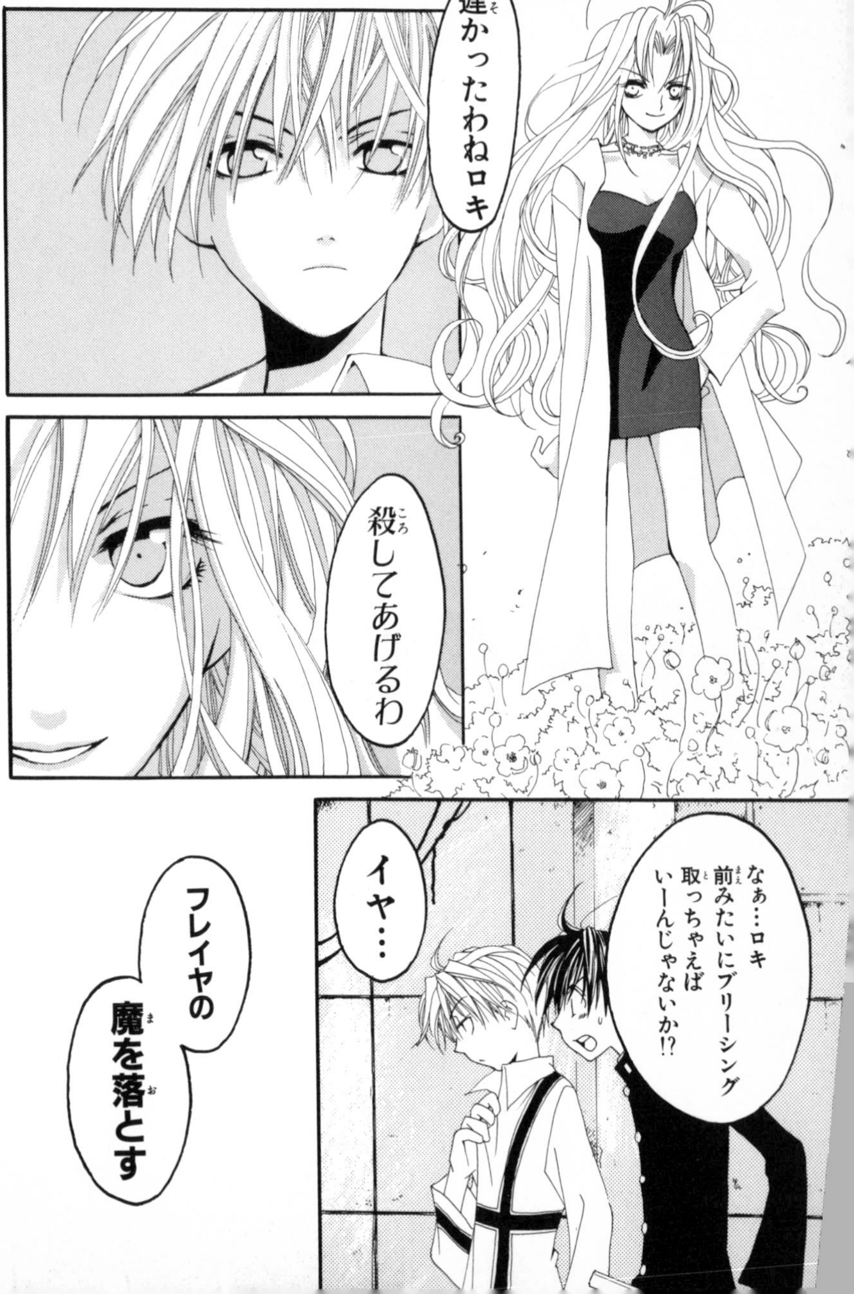
遅《おそ》かったわねロキ
殺《ころ》してあげるわ
なぁ…ロキ 前《まえ》みたいにブリーシング取《と》っちゃえばいーんじゃないか!?
イヤ…
フレイヤの魔《ま》を落《お》とす

私《わたし》の魔《ま》を
落《お》とすですって!?
笑《わら》わせないでよっ
どいてろ
ナルカミくん
カッ
ド
ロキ!?

ドキンッ
いてて…
ど…どーして抵抗《ていこう》しないのよ…!?
よっこらしょっ
ドクンー
やめて…!!
ロキ様《さま》いじめナイで……
うっ
う…うるサイわね…
なん…なのよ…
ドックン
ドクン

ゾクン……
……ロ…キ…もう私《わたし》の目《め》の前《まえ》から……
はぁ
ゾクン！
はぁっ
消《き》えてよ——ッ
ドオオ
バッ
！
すっ

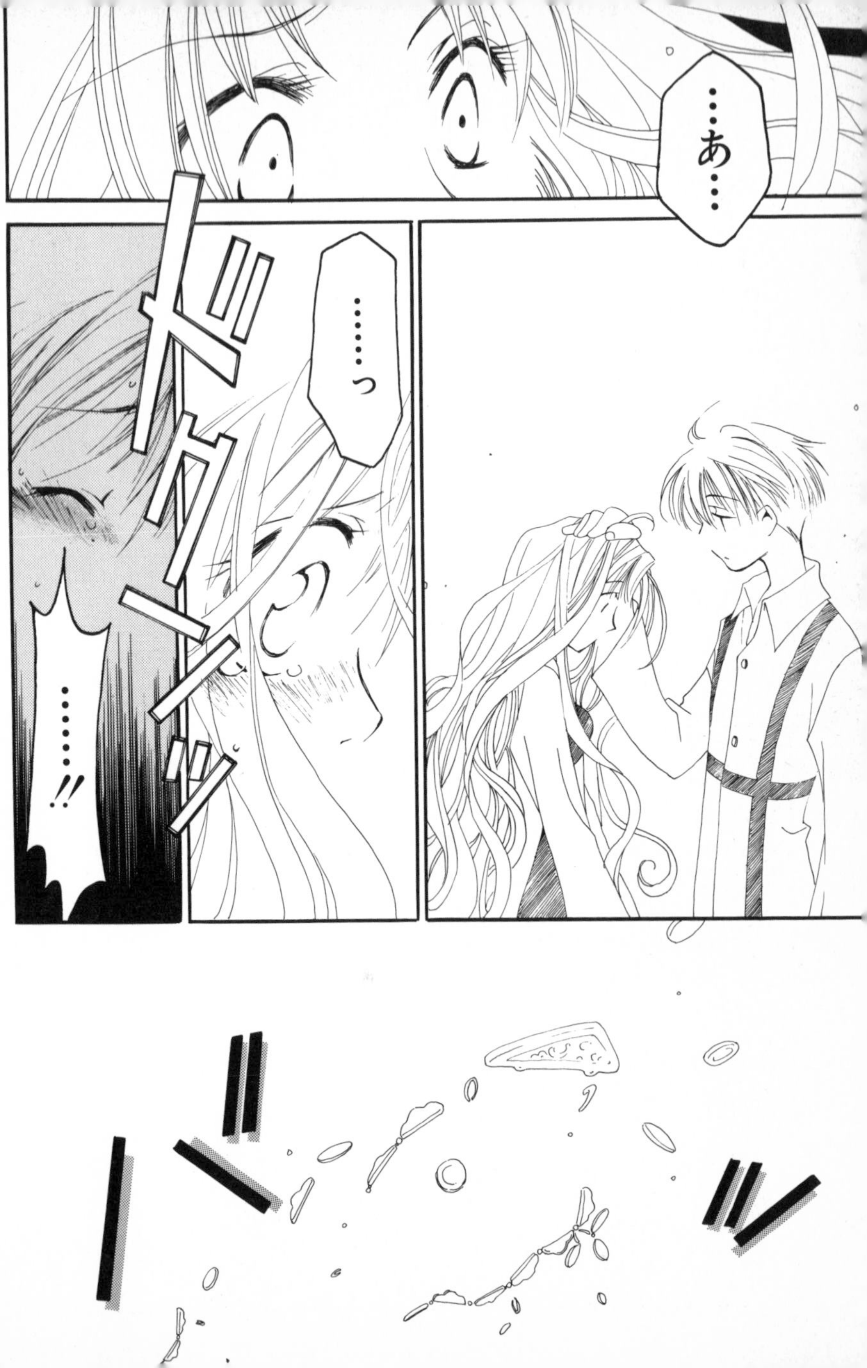
…あ…
……っ
ドクーッ
……!!
バ

ぷにゃあああ
あ…あれ？
ちっちゃくなっちゃった…？
やっぱりロキ様《さま》に先《さき》を越《こ》されてしまいましたわ〜〜〜
なんなんだよォヴェルダンディ〜〜〜
じたばた
やはり私《わたし》は子供《こども》好《ず》きなので小《ちい》さい方《ほう》が…
どっちでもえーねん。
フレイヤ様《さま》を助《たす》けてくださってありがとうございます
ヘイムダル様《さま》に魔《ま》を増幅《ぞうふく》されておりましたが…

ロキ様《さま》が落《お》とすコトに意味《いみ》があると思《おも》いましたので
ソレはいいよ… 他《ほか》に聞《き》きたいコト いっぱいあるんだ 神界《しんかい》は一体《いったい》どーなってるんだ!?
さあさあ もう警察《けいさつ》が来《き》ますよ! ここにいると何《なに》かと面倒《めんどう》でございます!
ドシドシドシド
世界《せかい》の終末《しゅうまつ》は
あなたの手《て》にかかっているのですよロキ様《さま》
……?
ぱたん…

…ん
おっレイヤ
気付《きづ》いた?
…レイヤ
久《ひさ》しぶりにイイ夢《ゆめ》
みたです……
ロキ様《さま》の
夢《ゆめ》……
よかったねーレイヤ
ハイです～
オレっていつも
こんな役回り…?
フッフッフ…
指名手配犯《しめいてはいはん》を
絞《しぼ》り上《あ》げてアジトを
突《つ》き止《と》めたぜ…
管轄外だけどっ。
ドン
お前《まえ》らは完全《かんぜん》に
包囲《ほうい》されている!!
…あれ～!?
きゅ～
なんでこいつら
のびてんだ??

ホントに街中《まちなか》で馬《うま》に会《あ》ってそんで馬《うま》が笑《わら》ったんだってば～っっ
あははは そんなコト あるワケない じゃーん
ぷんぷん
信《しん》じてくんなくても いーもんねっ おみやげのケーキ
さっく
当《あ》たりハズレが ありまース 箱《はこ》を選《えら》んでくださ～イ
どっちかケーキ つぶれてん でしょ――?
なぜお判り!?
ぺちょん
いー男《おとこ》にでも 見《み》とれて落《お》とし ちゃったんじゃ ないのォ??
ちっ 違《ちが》うよっ 向《む》こーから ぶつかって きたんだよぉ～～～
勘《かん》が鋭《するど》すぎない? ロキくん…
こっこわい……
あー 疲《つか》れた～～～
ロキサマ～～ ヤミノはもう 何《なに》が何《なに》やら～
びょん
びよん

第《だい》22夜《や》
われら(？)少年探偵団《しょうねんたんていだん》!!

探偵《たんてい》の仕事《しごと》はナイかね
仕事《しごと》！仕事《しごと》!!
ドン
うお〜い事件《じけん》よやってこ〜い
ロキ様《さま》落《お》ちついて〜〜〜
なんだかロキくんヤル気《き》になってる……どーしたのォ？

ロキくんのヤル気《き》が呼《よ》んだのかな? お客《きゃく》サンだ〜
まゆらちゃんがお迎《むか》えに行《い》ってきま〜ス
ぱたぱたぱた
うむ
…ロキ様《さま》
ノルンさん達《たち》のコト信用《しんよう》していーんですか?
信用《しんよう》はまだしてないよ 彼女達《かのじょたち》は何《なに》を考《かんが》えてるのか判《わか》らないからね でも——
オーディンに見捨《みす》てられた以上《いじょう》 自力《じりき》で元《もと》の姿《すがた》に戻《もど》って 神界《しんかい》に帰《かえ》らなきゃいけなくなっちゃったし 魔落《まお》とするしかナイだろ?
どーやって魔力《まりょく》をためるんでしょーかねェ?
うーん
考《かんが》えててもしょーがないね とにかく事件《じけん》を……
カチャ
さあ入《はい》って入《はい》って

こんにちは ロキくん!! 遊《あそ》びに 来《き》たよ!!
にっこ にっこ
事件《じけん》プリーズ!!
あれぇ ロキくんの お友達《ともだち》なの?
ナルカミくんの バイトしてた 剣道場《けんどうじょう》で 知《し》り合った(?) ……
わい わい
なる 元気《げんき》?
カードゲーム やろーよ
うわぁ〜〜 ロキくんの家《いえ》って おもしろーい
わい
依頼人《いらいにん》かと 思《おも》ったのに……
がっくし
依頼《いらい》… そうっ
事件《じけん》だよ ロキくん 大事件《だいじけん》!!
ボクらのクラスの 女子《じょし》がね…
悪魔《あくま》のオルガンの 悲鳴《ひめい》を 聞《き》いちゃったんだ…
悪魔《あくま》の オルガン?

そう！ボクらの学校《がっこう》の七不思議《ななふしぎ》の一《ひと》つ！
再びがっくり
7フシギ!!
音楽室《おんがくしつ》の右奥《みぎおく》にある古《ふる》びたオルガンを弾《ひ》くと悪魔《あくま》の悲鳴《ひめい》が聞《き》こえてきて
その悲鳴《ひめい》を聞《き》いた人《ひと》は一週間以内《いっしゅうかんいない》に地獄《じごく》へ連《つ》れてかれちゃうんだ……
いや～んミステリイ～
それをねっ聞《き》いちゃった子《こ》がいるんだよ!!
助《たす》けてあげてよロキくん!!
なんとかしてあげてよロキくん!!
このままじゃ地獄《じごく》に連《つ》れてかれちゃうよ!!ロキくん!!
ぎゃあ
ぎゃあ
ぎゃあ
ぎゃあ
ハア
ハア
はぁ
ふん

朝!!
ハア
昨日《きのう》は疲《つか》れたなぁ～
やっぱボクって子供苦手《こどもにがて》なのかもな～～～
ロキ様《さま》お迎《むか》えが来《き》ましたよ
お迎《むか》え?
おっはよーー ロキくん!! さぁ行《い》こう!!
…………
え!? どこへ??

もちろん ボクらの 学校《がっこう》だよ!!
な…なんで…
ホラ―― 昨日《きのう》言《い》ってた じゃん オルガンの話《はなし》! 見《み》て くれるって!
えったん も~~
行《い》って らっしゃいませ~
闇野《やみの》かーさん
LET'S GO TO SCHOOL!
何故《なぜ》ボクが ここに…
1・2の さんすう
舞《まい》は今日《きょう》 来《き》てないみたい だね―― お休《やす》みかな?
誰《だれ》?
オルガンの 悲鳴《ひめい》を聞《き》いた 女子《じょし》だよ

君達《きみたち》私語《しご》は慎《つつし》み……
ん？
キミは——…？
転校生《てんこうせい》だよ先生《せんせい》知《し》らないの？
あーそーなんですかー
ははははっ
イヤだなーもー先生《せんせい》ってばははは
at school….
キーンコーンカーンコーン
やっぱりダメこーゆーの耐《た》えらんない帰《かえ》る!!
わあ!!
拷問《ごうもん》だあぁ
待《ま》ってよロキく〜〜〜ん

放課後《ほうかご》になるまで待《ま》ってよ? ロキくん
ねっねっ
例《れい》のオルガン ロキくんに見《み》せたいんだよォォ
えぐ
えぐ
はらはら
ぐい
……っっ
わ…判《わか》ったから…さ 帰《かえ》らないからさ とにかく授業《じゅぎょう》だけは…
先生《せんせい》 だましてるのも 悪《わる》いしね
泣くなよォォ
屋上《おくじょう》で 昼寝《ひるね》でも してるよ
………
絶対《ぜったい》 帰《かえ》らない でよね〜〜〜
くーん くーん
うーん やっぱりボクは
子供《こども》が苦手《にがて》 なんだな…
子供《こども》の 純粋《じゅんすい》な涙《なみだ》には かなわないや….
ガラッ

………
まーなんだね
その〜〜〜
いろいろ
あるよね
子供《こども》にも

でもさ
自分《じぶん》が悪《わる》いコト
してない限《かぎ》り
悪《わる》いよーには
ならないと
思《おも》うよ
むぎゅ
うん
ゴロ―ン
ぐー
ぐー
ふあぁぁ
よく寝《ね》た〜
そろそろ行《い》って
みよーかな
あれ…?
女《おんな》の子《こ》は――
ってさすがに
もーいないか……
いたいた
ロキく〜〜ん
さー行《い》こー
行《い》こ――!!
うーむ
この無邪気《むじゃき》さが
罪《つみ》な時《とき》もあるか…

てけてけてけ
理科室
そーそー この理科室《りかしつ》も 七不思議《ななふしぎ》の 一《ひと》つでね――
あの骸骨《がいこつ》の 標本《ひょうほん》が踊《おど》りだす んだよ……
……
わあ
カタ
カタ
カタ
カタ
ドン
アレ 関節《かんせつ》の留《と》め金《がね》が ゆるんでるね
はへ〜〜 そーだったん だ〜〜
この歴代校長《れきだいこうちょう》の 肖像画《しょうぞうが》！ 夜中《よなか》に目《め》が光《ひか》る んだよ〜〜
んん〜？
…目《め》に蛍光塗料《けいこうとりょう》が 塗《ぬ》ってあるじゃん…
生徒《せいと》のいたずら なんじゃない？
サインまで してあるよ

あ～ホントだぁ～～～～
！
あ、舞《まい》だ！
キミはさっきの……
あの子《こ》が舞《まい》ちゃん？
待《ま》てよ舞《まい》！ロキくんがお前《まえ》を助《たす》けに来《き》てくれたんだぞーっ
なんだかさっきと雰囲気《ふんいき》違《ちが》うぞ…なんで？
セラッ

宮原先生《みやはらせんせい》！プリント落《お》としましたよ！
あっ いっけね
これ…明日《あした》のテスト用紙《ようし》じゃないですか…
気《き》をつけてくださいよ〜〜〜
入試《にゅうし》ん時《とき》みたいに騒《さわ》がれんの嫌《いや》ですからね
なんか毎年《まいとし》その噂《うわさ》聞《き》きますケドどーなんですかね実際《じっさい》……
？
もう舞《まい》のやつどこ行《い》っちゃったんだよ〜
ごめーんロキくん
音楽室
ここだよ！
音楽室《おんがくしつ》!!

ピアノの音《おと》？
誰《だれ》かいる
みたい……
ガラッ
教頭《きょうとう》先生《せんせい》！
忘《わす》れ物《もの》かね？
キミ達《たち》
もう
下校時刻《げこうじこく》は
過《す》ぎてるよ
学校《がっこう》の怪談《かいだん》
調《しら》べてるん
でーーす!!
ちょ……っ
早《はや》く帰《かえ》り
なサ〜イ!!
ドッ
も〜〜〜
正直《しょうじき》すぎる
よォ〜
あんなふーに
言《い》ったら怒《おこ》られるに
決《き》まってるじゃ
ないか
だってソレ以外《いがい》に
なんて答《こた》える
のさーー

キミ裏口《うらぐち》入学《にゅうがく》なんじゃないのー？
ココ使《つか》わなきゃ〜〜〜
違《ちが》うもん!!
ぷっく〜
裏口《うらぐち》入学《にゅうがく》って……
なんつー会話してるんだキミ達…
うちの小学校《しょうがっこう》って一応《いちおう》名門《めいもん》みたいで難関《なんかん》って言《い》われてるんだけど——
毎年《まいとし》入試《にゅうし》問題《もんだい》の横流《よこなが》しがけっこー噂《うわさ》になってるんだー
…さっき教師達《きょうしたち》が言《い》ってたのはソレか〜
じゃロキくんあとでね——
フム
フム
プニュ
じゃあね〜
あとで…？
ばんめし〜

え――!?
ロキくん小学校《しょうがっこう》行《い》ってきたのォォ!?
いいないいな私《わたし》も七不思議《ななふしぎ》ツアーしたあああああい
まゆらは小学校《しょうがっこう》に向《む》いてるかもね
明日《あした》からまともな事件《じけん》探《さが》そー
ロキく〜ん
あれ…?どしたの?
こんばんわー
学校《がっこう》の怪談《かいだん》といえば夜《よる》!!
悪魔《あくま》のオルガン探索隊出陣《たんさくたいしゅつじん》!!
ゴゴ

え〜ッ
キラ〜ン
う〜ん
夜《よる》の学校《がっこう》って不気味《ぶきみ》よね〜〜〜
ああ…まゆらが3人《にん》も…
ゾロゾロ
昼間《ひるま》と全然《ぜんぜん》違《ちが》うのよね〜〜〜
確《たし》かこの廊下《ろうか》も七不思議《ななふしぎ》の一《ひと》つで……
後《うし》ろから足音《あしおと》が…
カツン
カツン カツン
!
ピタ…
カツン カツン
……
ピタ。

ソロリ
ソロリ
カツンカツン…
んでその七不思議《ななふしぎ》の先《さき》は…？
…正面《しょうめん》突《つ》き当《あ》たりに鏡《かがみ》がアルんだ……
ソコに女《おんな》の子《こ》の霊《れい》が
キャアアアアア

舞《まい》ちゃん
ギャー
ギャー
ギャー
え……
なんだよ〜
舞《まい》〜
驚《おどろ》かせんなよ〜〜〜
だいたいさー
意地《いじ》はってナイで
ボクらにドーンと…
ロキくんなら
悪魔《あくま》に勝《か》てる
気《き》がする…
ロキくん
私《わたし》を悪魔《あくま》から
守《まも》って!
ポッカ〜ン
う…
うん?

コレが悪魔《あくま》のオルガンだよ
わぁ…いわくありそ…
もォね ずーっと昔《むかし》からあってね 何人《なんにん》も地獄《じごく》に引《ひ》きずり込《こ》んでるって噂《うわさ》なんだよ！
舞《まい》ちゃんはどーしてこのオルガン弾《ひ》いちゃったの？
お掃除当番《そうじとうばん》の時《とき》みんな怖《こわ》がって触《さわ》ろーとしなかったの……
そんなコトないよってためしに弾《ひ》いてみたらホントに悲鳴《ひめい》が…
ロッ ロキくん何《なに》してんの!?

ボクもソノ悲鳴《ひめい》聞《き》いてみたいんだよ
う…

うわあああ!!
ドタドタドタドタ
ホントに聞《き》こえたーっ悲鳴《ひめい》だあぁ
はあ
はあ
コラッ
GYAAAAAAAAA
うわぁーん教頭先生《きょうとうせんせい》〜〜
何《なに》かと思《おも》えば…
こんな夜中《よなか》にどーしたんだ!?
なんだねキミは…
えっと…その
ロキく〜〜ん
あったあった
ゴッ
ゴッ
ゴッ

悲鳴《ひめい》の正体《しょうたい》が見《み》つかったよ
オルガンの中《なか》に??
この足踏《あしぶ》みオルガンは空気《くうき》を送《おく》り込《こ》んで音《おと》を出《だ》す仕組《しく》みだけど
音《おと》が出《で》る場所《ばしょ》に紙《かみ》がつまっていたんだ これが震動《しんどう》して音《おと》を変化《へんか》させていたのが 悪魔《あくま》の悲鳴《ひめい》の正体《しょうたい》じゃないかな

何《なに》が入《はい》ってたの……？
テストのプリントみたいだね……
ん？ココになんかメモってアル…なになに…
そんなバカな！
！
何《なに》も書《か》いてあるワケないじゃん何《なに》焦《あせ》ってんの？
教頭先生《きょうとうせんせい》
ソレ…入学試験《にゅうがくしけん》の問題用紙《もんだいようし》でしょ…？ずいぶん古《ふる》い物《もの》まであるけど――
まさか七不思議《ななふしぎ》を利用《りよう》してココに証拠物《しょうこぶつ》を隠《かく》してたのって…

うっそぉ～ やだ～～
ええ!? 教頭《きょうとう》先生《せんせい》が 入試《にゅうし》問題《もんだい》を 横流《よこなが》ししてたの ――!?
知《し》らんっ 知《し》らんぞ 私《わたし》は…
このオルガンの 悲鳴《ひめい》を聞《き》くと 地獄《じごく》へ引《ひ》きずり 込《こ》まれちゃうってゆー 怪談《かいだん》だったっけね
教頭《きょうとう》先生《せんせい》も 聞《き》いてみる?

うわああっ
おやおや悪《わる》いコトしてたからかな？
噂通《うわさどお》り地獄《じごく》に引《ひ》きずり込《こ》まれちゃ……

おずおず…
ええ!?
…えっちゃんに引《ひ》きずり込《こ》まれてる……?
うっわ～い
やっぱりロキくんてすごいやぁ
??
??
??

あの学校《がっこう》話題《わだい》になっちゃってるね
報道陣《ほうどうじん》もまだ何人《なんにん》か今日《きょう》もいたよ――
ひょんなコトから犯罪《はんざい》につながるコトもあるもんだね～～～
あらら？お客《きゃく》サンだ行《い》ってくる――
ところで魔力《まりょく》は吸収《きゅうしゅう》できたんですか？
そっソレソレ
えっちゃんに聞《き》いても判《わか》んないし…
ノルンさんに改造《かいぞう》でもされたんですかね
こーなったらもっかい事件《じけん》事件《じけん》！
こんにちは～～～～

やっほー
ロキくん!!
やっ やっ
やっほ〜〜
今度《こんど》は
何《なに》…?
舞《まい》がお礼《れい》を
言《い》いたいん
だってさ
ロキくん
ありがと
〜〜〜
ホッ
な〜んだ…
ギクッ
キラーン
とゆーわけで…
次《つぎ》は学校裏山《がっこううらやま》
ツチノコ探索《たんさく》
ツアーだ〜〜〜
キャーン
ツチノコ♡
行《い》って
らっしゃい
まし〜〜〜
ずるずるず
キュ
キュッ

第《だい》23夜《や》　来訪者《らいほうしゃ》

たりら〜〜今日《きょう》も
オレ〜こんな夜《よ》ふけ
まで〜おつとめぇ
ごっくろーさん♡
つとくら〜へへっ
こー毎日忙《まいにちいそが》しーと
自分《じぶん》が神様《かみさま》で
あるコトすら
忘《わす》れるな…
なんか
いーコト
ねーかなぁー
金《かね》でも
落《お》ちてこねー
かなー…
すでに志向が凡人。
キャーー
!

あれ?どこから?
キョロキョロ
キョロキョロ
上《うえ》か——っっ
ドオオ
いててて
いってぇなっ
このやろっ!
ずっ

ロ…キさ……
……まぁ
…ノルン!?
そーだっ この子《こ》は確《たし》か
スクルドとかいったな…っ
おいっ
しっかりしろ!
ガクガクガク
し~~ん
……
おいおいイキナリ
空《そら》から落《お》ちてきて
気《き》イ失《うしな》うなよ~~~ッ
オレにど~しろっつ～んだあぁぁ

アニマル ランド
ロキくんっ 見《み》て見《み》て すごォイ
あのイノシシ 1匹《ぴき》だけホントに 金色《きんいろ》だよォ
プヒ
プヒ
かわいーね ロキくん…って
ロキくん どこ〜〜?

もみくちゃ!!
あお
だじげでくで
まゆだ…
ふーっっ……
たかがイノシシ
一匹《いっぴき》のためにこの
人《ひと》のたかりよう…
人間《にんげん》て
気《き》が知《し》れないよ!
だよねーー
みんな野次馬根性《やじうまこんじょう》
丸出《まるだ》しイ〜
朝《あさ》っぱらから大騒《おおさわ》ぎして
ムリヤリボクを連《つ》れて
きたのは誰《だれ》なんだ……
だって!!!
昨日《きのう》の夜中《よなか》に突然《とつぜん》
金色《きんいろ》のイノシシが
現《あらわ》れたなんて!
ステーーリィィ
ぱぱぱぱぱーー
コレはぜひとも
見《み》に来《こ》なきゃって
思《おも》わない!?

で どーなのよ まゆらは見《み》れたん だろ?
うん! ホントの ホントに金色《きんいろ》の イノシシなのっ
キレイだったよォ~ 違《ちが》う種類《しゅるい》の 動物《どうぶつ》なのかなぁ?
へぇ~~ 色素《しきそ》が薄《うす》いのかな? 突然変異《とつぜんへんい》なのかな? アルビノみたいな~
百聞《ひゃくぶん》は一見《いっけん》に 如《し》かずよっ
ぱっくん
へ??
もっかい 見《み》たい~~ 行《い》こう行《い》こう
いやーだあぁ あの人《ひと》だかりは もう勘弁《かんべん》 かーちゃーん
ぐい
ぐい
まゆら 一人《ひとり》で行《い》け!! 待《ま》っててやるから
あ そーお? じゃ行《い》ってくる!
…黄金《おうごん》の イノシシかぁ
そーいや神界《しんかい》にも いたなぁそんなの
MAP
ようこそ!ほ

山《やま》でも海《うみ》でも空《そら》でも馬《うま》より早《はや》く闇夜《やみよ》を駆《か》け抜《ぬ》ける黄金《おうごん》のイノシシグリンブルスティ…
あはは
ま あいつなワケないよなフレイの乗《の》り物《もの》だし〜〜〜
はは…。。。
ただいま〜〜〜〜
結局《けっきょく》あの後《あと》まゆらに動物園中《どうぶつえんじゅう》連《つ》れまわされてしまった…
くたくた〜
ひーん 疲《つか》れたぁ〜 おなかすいた〜
きゅるるるるぅ〜
ロキ様《さま》お帰《かえ》りなさいまし〜〜〜
おかえりなちゃい!
ヤミノくん… メシ…… 死《し》ヌ……

ロキ様《さま》〜〜〜
私《わたし》…っ
私《わたし》もう
どーしたら
いーか…
がしがしがし
スクルドさん!!
やめてくだサイ
ロキ様《さま》が死《し》んで
しまいます〜〜〜
あ
あーん
ロキ様《さま》
しっかり
して〜
スクルドが
ただいま
人工呼吸《じんこうこきゅう》を
……
ギャー
なんてコト
うるせー
ロキさっさと
起《お》きやがれ!!
ええ
〜〜〜っっ
あの金色《きんいろ》の
イノシシって
………っっ

グリンブルスティの子供《こども》だったのかぁ〜〜〜
ふえぇん
グリンちゃんいないと神界《しんかい》帰《かえ》れない〜〜〜
オレなんかもォ一晩中《ひとばんじゅう》介抱《かいほう》してぐったり…
はぁぁ
なんではぐれたの？ふり落《お》とされたとか？
うっかり手《て》ェ放《はな》しちゃって〜〜〜鳴神《なるがみ》サンがいなかったら死《し》んでるところでした〜
ずず
てへ♥
…神様《かみさま》って自分《じぶん》の意志《いし》で人間界《にんげんかい》に降《お》りる場合《ばあい》は影響《えいきょう》ないんですケド
落《お》っこっちゃうと魔力《まりょく》が制限《せいげん》されちゃったり体《からだ》が変化《へんか》しちゃったりするんですよ——
でもって今《いま》 私《わたし》フツーの女《おんな》の子《こ》になっちゃったんでグリンちゃん見《み》つけられないんです…

へぇ〜じゃあ
ロキが子供《こども》の姿《すがた》で
魔力《まりょく》が制限《せいげん》されてるのも
オレが高校生《こうこうせい》なのも
そのせいなのかぁ〜〜〜
どうしよう…
グリンちゃんが
いないと私《わたし》
一生《いっしょう》このまま…
ぐす…
そうか!!
そのうりぼーで
オレも帰《かえ》れるんだなっっ
よっしゃロキ!!
うりぼー捜《さが》しだぜっ
どこだうりぼー!!
がるるるる
知《し》ってるよ
…ヤツは動物園《どうぶつえん》の
檻《おり》の中《なか》さ…
今日行ってきたもんねー
ふふーん
ずっしゃぁー
さすがは
ロキ様《さま》!!
何でもお見通しですね♡

んならさっそく行《い》くぜ動物園《どうぶつえん》!!
じたばた
待《ま》ってよナルカミくん…っ
ボクはおなかペコペコなんだ夕飯《ゆうはん》くらい…
ふざけんな!!待《ま》ってられるかよっ
ロキさま〜〜
あれれホイコーロー……
はあ……判ったよ……
すぐ帰《かえ》ってくるからおいしーもん作《つく》って待《ま》っててよ
ヤミノくん!!
ハイ
行《い》ってらっしゃいませロキ様《さま》

動物園
わぁ〜〜〜 ここが噂《うわさ》に聞く動物園《どうぶつえん》ですね!!
噂《うわさ》・・・?
地上《ちじょう》でのデートスポット……♡
どこだーッ うりぼーッ
オレをーッ 神界《しんかい》へーッ
ずんずんずん

ドドド
うおおっ
こっちかあ
ロキィィィ
暗くて見えねエ
オレはトリ目なんだな
ロキ様《さま》だけでいーのに…
どこ行《い》くんだよ
ナルカミくん…
ドドド
ここかぁ
うりぼーは!!
イノシシ
おわぁ
なんにもいないぜ!?
飼育小屋《しいくごや》にいるんだろ
……
ギイィィィ
静《しず》かにね…
キミさっきからうるサイ

ん〜〜〜
なんか
こーゆー
のって…
なんつーの
かな…
おいっ
捕《つか》まえろ!
すばしっこい
な〜〜〜
!?
…?
誰《だれ》かいるの?

お兄《にい》さん達《たち》動物園《どうぶつえん》の人《ひと》じゃナイね？
もしかして…珍種《ちんしゅ》の動物《どうぶつ》をマニアに高《たか》く売《う》るってゆー
密輸業者《みつゆぎょうしゃ》サン？
そっちこそ!! このコソドロ!!
はっはっはっ いかにもオレらは正義《せいぎ》のコソド…
そう!! こっそりのドロボウだっ
この正義《せいぎ》の鳴神様《なるがみさま》をドロボウ扱《あつか》いするとは!! 許《ゆる》せんっ
ドドドド
ぎゃ
はっ!!

ああっ
グリンちゃんっっ
ボコ
ボコ
ボコ
キュ〜
ヤレヤレ・
きゃきゃっ
いいコトした
アトは気持ち
いーぜ！

グリンちゃん どこ〜?(泣《なき》)
おーい うりぼーやーい
確《たし》かこっちの方《ほう》に 逃《に》げて行《い》った ハズ……
「空《そら》の生《い》きもの の町《まち》」?
うん ココは 鳥《とり》とかの檻《おり》が 集《あつ》まってるんだ
散々昼間《さんざんひるま》 まゆらに 連《つ》れまわされたからね どこに何《なに》があるのか だいたい覚《おぼ》えてる
!?

ロキ様《さま》が動物園《どうぶつえん》に行《い》った。
ピシャーン
まゆらとかゆう女《おんな》の子《こ》と。
ピシャーン
ズバリ!!!
動物園《どうぶつえん》はデートスポットである！
あっあれグリンじゃないか!?
スクルド的思考。
プッキュ〜
ナルカミくん驚《おどろ》かせないよーにそーっとね
うむ
そ
うわーん ロキ様《さま》が取《と》られちゃう〜
あっ
ぴゃー

ドタドタドタドタ
くっそ〜〜逃《に》がした〜〜
今度《こんど》はあっちに行《い》ったみたいだ！
ロキ様《さま》待《ま》って〜〜〜
海の生きものの町
でもっ私《わたし》だってロキ様《さま》のコトずっと好《す》きだったんだもん諦《あきら》めないんだから！
グリンがエサを荒《あ》らした跡《あと》がある…
おなか空《す》いてるのかな――？
オレもハラ減《へ》ってきたぞぇー
ねェスクルド空《す》いてるのかな？
ハイ!!スキスキ大《だい》スキ〜〜!!

…あ グリンちゃんのコトですか…うーんそーですね
あの子おなか空《す》いてると空《そら》飛《と》べないんですよ 飛《と》んで移動《いどう》してないってコトはやっぱり……
ん〜〜〜……ってことは……
うめろめろっ
ああロキさまそんな大人っぽい表情しないでェ〜
よーっし こーなったら『恋《こい》はボディブロウ大作戦《だいさくせん》』よ!!
!?
グリン!!
ばびゅん!
いくぜっ 鳴神《なるがみ》スラーッシュ!!
ロキ様《さま》ーーラブ〜〜〜ッ
ダだっ
ぐっ

うおおぉ また逃《に》がしたぁ〜〜〜
…ごめんなサイ ロキ様《さま》…私《わたし》… 迷惑《めいわく》ばっかりかけて…
やー スクルドって 愉快《ゆかい》だねー！
見てて飽きないよ うん。
ニコッ
あ〜ん素敵《すてき》な笑顔《えがお》です〜〜〜
でもでも今《いま》の大人《おとな》ロキ様《さま》で見《み》たかった〜〜〜
イエそのままでも充分かっこいーんですけどぉ〜 なんつーかぁ スクルドとしてはぁ〜 やっぱ〜
?
くらーっ

あぁ～
どこ行《い》ったんだ～
うりぼ～～
う…
グリンの居場所《いばしょ》
残《のこ》るはあそこしか
ナイだろ？
……もう
この動物園《どうぶつえん》から逃《に》げ
ちゃったら捜《さが》しようない…
私《わたし》…
大丈夫《だいじょうぶ》だよ
スクルド
ロキ様《さま》…

グリンちゃん!!
まだ子供《こども》でおなかを空《す》かせたグリンは一匹《いっぴき》でさびしかったんじゃないかな
闇夜《やみよ》でも金色《きんいろ》に輝《かがや》く親《おや》の元《もと》へ帰《かえ》りたかったんだよ
………グリンちゃん…おうち帰《かえ》ろ!

あ〜んよかったぁ
グリンちゃ〜んっっ
捕獲《ほかく》
大成功《だいせいこう》!!
プキュ
プキュ
これでオレも
やっと神界《しんかい》に
戻《もど》れ・・・
!?
プギャ
プギャ
そのイノシシ
こっちに渡《わた》して
もらおうか

やーん ロキ様《さま》〜〜〜
てめーら 飛《と》び道具《どうぐ》なんて 卑怯《ひきょう》だぞ!!
うるせえ!! 黙《だま》って渡《わた》せっ
ふん…スクルド グリンを あのお兄《にい》サン達《たち》に ちょっと貸《か》して あげよーか
…ロキ様《さま》が ゆうなら…
ホラお兄《にい》サン 取《と》りに来《き》てよ また逃《に》がし ちゃうよ——っ
そうそう 子供《こども》は大人《おとな》の ゆーコト聞《き》く もんだぜ

いーのかよ
ロキ!?
そっちが飛《と》び道具《どうぐ》なら
こっちだって
アアッ
!?

オオオオ
うりゃあ
猪突《ちょとつ》猛進《もうしん》!!
?
ちょーん。
ひね♥

なっ
なにイ〜〜〜!?
キミワル〜〜
ずずずぅ〜
わ〜〜〜んっっ
また食《く》ってる〜っっ
怖《こわ》いよ〜っっ
これだよっっ スクルド
これってどーゆー
コトだよ!?
むっくり
もにょもにょ
むっくり
そうそう!!
私《わたし》 ヴェルダンディーに
コレを渡《わた》してくる
よーに言《い》われて
来《き》たんですよ〜〜
グリンちゃんの中に入れておいたんですぅ
あ〜ん
ヴェルダンディーがプニャンさんを
手当《てあ》てしてたらプニャンさんには
実《じつ》は隠《かく》れた才能《さいのう》があるコトが
発覚《はっかく》しましてね〜〜
うふふ
ようこそ私のラボへ…
マッドサイエンティスト
ヴェルダンディ

なんとっ プニャンさんは
じゃーん
魔《ま》を吸収《きゅうしゅう》するコトができるんですっ
で ですねー とりあえず プニャンさんをロキ様《さま》に お返《かえ》ししてからプニャンさんの 一部《いちぶ》を加工《かこう》して作《つく》り上《あ》げた こちら
ドラウプニルの腕輪《うでわ》!!
これでロキ様《さま》 魔《ま》をためて いってくだサイなのです!!
知《し》らんかった～
そこに魔《ま》がたまったら どーなんの?
さあ～～
まっでも かっこいいんで つけてみましょ♡
手ェ出して下サイ!!
さあ～～…って…
わーい 結婚式みた～い♡
ポケ～

グイ
!?
では スクルド
そろそろキミ達《たち》の
予言《よげん》の本当《ほんとう》の意味《いみ》を
教《おし》えてくれてもいーだろ
要《よう》するに
オーディンは
ボクを殺《ころ》そうと
してるんだよな?
何故《なぜ》だ?
そ…それは…
オーディン様《さま》は
ずっと神界《しんかい》の王《おう》で
いたいから…
今《いま》だって
最高神《さいこうしん》じゃないか??
何《なに》が不満《ふまん》なんだよ
永遠《えいえん》の命《いのち》だって
神《かみ》の特権《とっけん》だろ
?

どんなコト
だって
永遠《えいえん》に続《つづ》くコト
なんてナイんです…
だって…
ゴクリッ
!!
ヒュー
スクルド!!
ぴゃ
おいコラ
待《ま》てよ!!
話《はなし》の途中《とちゅう》
だろ!?

ロキさま早く大人の姿に戻ってよ～
ああ…なんでオレを連《つ》れてってくんねーんだよォォ……
汚《きたね》ーぞォ～
仕方《しかた》ナイよ…ボク達《たち》はまだ戻《もど》れる時機《じき》じゃナイんだろう
うーむ…どーせならミョルニルをオレの…
さっ帰《かえ》ろ帰《かえ》ろ
ヤミノくんも心配《しんぱい》してるだろーし
くっそ～～明日《あした》からまたバイトか～…
ごはん食《く》ってお互《たが》いがんばろー
トボトボ…

あ ロキ様《さま》のお帰《かえ》りですかね
ハイ～ お帰《かえ》りなさいませ～ ロキ様《さま》～
え…？

ズルイのよ…ヨルムンガンド…あなたばっかり父様《とうさま》と一緒《いっしょ》にいて……
ズル…
……っ
お父様《とうさま》はあたしのもの……

お父様《とうさま》を殺《ころ》して
あたしはお父様《とうさま》と永遠《えいえん》にひとつになるの…

第《だい》24夜《や》 Father《ファーザー》

神《かみ》の作《つく》りたまいし図書館《としょかん》に在《あ》りし1冊《さつ》の本《ほん》…
其《そ》はすべてを表《あらわ》すが
其《そ》を求《もと》むすべての者《もの》の探求《たんきゅう》は無限《むげん》に続《つづ》く回廊《かいろう》の中《なか》…

あの闇野《やみの》さんが料理中《りょうりちゅう》に大《おお》ケガするなんて…
なんか信《しん》じられない話《はなし》よね〜…
まゆらサン!
あらレイヤちゃんロキくんち行《い》くの?
ハイですまゆらサンも闇野《やみの》さんのお見舞《みま》い行《い》くですか?

うん…そーなんだけど今日学校《きょうがっこう》でごっそり課題出《かだいで》ちゃって〜
ちょっと図書館《としょかん》で本借《ほんか》りて行《い》かなきゃいけないの レイヤちゃん先行《さきい》っててくれる？
ハイでーす
すぐ行《い》くから〜ロキくんによろしく〜〜
…なんだか不思議《ふしぎ》なカンジのする図書館《としょかん》ですねェ〜…
！

おらあああーっっ
喰《くら》えーーッ
おぉミソカツ おまえはオブジェ…・（寝言）
………
なんで食《く》わねーんだよっ
おら おらーっ
ちょっと ちょっと
せっかくオレ様《さま》がバイト休《やす》んで看病《かんびょう》してやってんのによっ
くっそ〜
なんでねてんのにメがネかけてんだコイツ!? 謎っっ
ナルカミくん ヤミノくんがホントに死《し》んじゃうよ
…もっとなんつーの労《いた》りっつーか
おお そーだなっ

フーッ
フーッ
お母《かあ》さんがお粥《かゆ》冷《さ》ましてあげましょーね
りゅーちゃん
フーッ
ぱっくん
うん うまい
母の味♡
あっやべっ食《く》っちまった!!
ペロリと。
もご
もご
もご
まゆらサン早《はや》く来《き》てくだサイ〜〜〜
——しかしホントにビックリしたよ…
動物園《どうぶつえん》から帰《かえ》ったらヤミノくんが玄関《げんかん》で倒《たお》れてるんだもんな〜〜…急所《きゅうしょ》ははずれてたものの……
オレなんか完全《かんぜん》に死《し》んでるんかと思《おも》ったぜ——
勝手《かって》に殺《ころ》さないでくだサイ!!

ロキ様《さま》〜〜〜
お手伝《てつだ》いに来《き》たです〜〜
どっどーしたのレイヤその大量《たいりょう》のネギは…
差《さ》し入《い》れですぅおカゼの時《とき》はとってもいーですぅ
ほえ〜
カゼじゃナインですよカゼじゃ…
トホホ
むしゃむしゃ
ああまゆらサン早《はや》く来《き》てくだサイ〜〜
あ…まゆらサン図書館《としょかん》寄《よ》ってるですすぐ行《い》くからって…
ふーん…そう…
ネギさんどこしまうですか?
キッチンの貯蔵庫《ちょぞうこ》へ…

起《お》きれるんなら自分《じぶん》で行《い》きやがれ
ゲはははは
傷口がぁぁ!!
ばすっ
なんてコトするんだナルカミくん
おーよしよし
ロキさま〜
よちよち
ねェヤミノくん他《ほか》に思《おも》い出《だ》せない?キミのコト刺《さ》した相手《あいて》
めがねをかけててクセ毛《げ》のロングヘアで…
……うーん…そーですね…
ボツ…
私《わたし》のコト…ヨルムンガンドって……
レイヤめがねっ子《こ》サンのふわふわサン見《み》たですよ——
どっどこで?

…………
まゆらサンの入《はい》って行《い》った図書館《としょかん》変《へん》な感《かん》じしたです…
2階《かい》の窓《まど》からそのめがねっ子《こ》サンにレイヤにっこり挨拶《あいさつ》されてしまいましたです〜〜
どしてですかねー ロキさま
…なんだかやな予感《よかん》がするな……

……ホントだ…… レイヤのゆー通《とお》り ……
ロキ様何故―― 鳴神サンを―― 連れていってくれない んひすか――― ううう
変《へん》な感《かん》じのする 図書館《としょかん》だな……
ホコリ臭《くさ》いと ゆーか… カビ臭《くさ》いと ゆーか…
見《み》かけは普通《ふつう》の 図書館《としょかん》してるです… けど
――なんだか 寂《さび》しい気持《きも》ちに なるです……

あれ？おっかしィわねェ…
こんな本《ほん》あったかしら…
あの～すみません図書館《としょかん》の人《ひと》ですよねー
ハイ？
セーラー服《ふく》の髪《かみ》の長《なが》い子《こ》来《き》ませんでした？
のー天気《てんき》な感《かん》じの……
こーんなカンジ？
The library of Babel
入《はい》ってくる時《とき》見《み》たけど…出《で》てくのは見《み》てないわねェ～～
まゆらサンどこですか～
どこだまゆら～
カツン
カツン

ゴオオオ
!?
…………
けほけほ
な…！
こ…ここは……

…なんだ!?
さっきと全然《ぜんぜん》
空気《くうき》が違《ちが》うぞ…
同《おな》じ図書館《としょかん》なのに…
古《ふる》い本《ほん》が
いっぱい……
まるで人《ひと》に
見捨《みす》てられた本《ほん》の
墓場《はかば》みたいだ……

出口《でぐち》もなさそうだし…
前《まえ》に進《すす》むしかなさそーだな
──と
イキナリT《ティー》字《じ》路《ろ》か…まゆらはどっちだろ?
なんだっ本《ほん》が1冊《さつ》…
わ〜奇麗《きれい》ですぅ緑色《みどりいろ》の石《いし》と赤《あか》い石《いし》……
ヘルメス文書《ぶんしょ》?
ぱららら….
HERMETICUM

……
きっとグリーンの方《ほう》…右方向《みぎほうこう》が正解《せいかい》だな
どしてですか？
このヘルメス文書《ぶんしょ》には錬金術《れんきんじゅつ》の秘密《ひみつ》が書《か》かれているんだ
ギリシャのヘルメス神《しん》が錬金術《れんきんじゅつ》の奥技《おうぎ》をエメラルド製《せい》のタブレットに書《か》いたらしいんだよね
ソレを解読して編纂されたのがコレ
MUSÆUM HERMETICUM REFORMATUM ET AMPLIFICATUM
エメラルドって緑色《みどりいろ》してるじゃない？だからグリーンの石《いし》の方《ほう》へ行《い》けばいいんだよ
?
右ですねェ～
ちなみに赤《あか》い石《いし》の方《ほう》に行《い》くとどーなるんだろ…？
えいっ
ポイ

………
プス
プス
レイヤ…慎重《しんちょう》に行《い》こう慎重《しんちょう》に
ロキ様《さま》におまかせですぅ♡
ロキ様《さま》――扉《とびら》があるです〜〜
中世《ちゅうせい》の拷問室《ごうもんしつ》みたいな扉《とびら》だなぁ…
なんの部屋《へや》だろ？

!?
まゆら!!

どがじゃん
え? なあに?
急《きゅう》に閉《と》じ込《こ》められちゃって〜〜 その扉《とびら》開《あ》かないのよ〜
どしたですか?! ロキさまぁ〜
カチャ
よくミステリーに出《で》てくる拷問室《ごうもんしつ》ってヒロインがぶら下《さ》がってるじゃない?
暇《ひま》だったからやってみたんだけど…
カチャ
意外《いがい》と疲《つか》れるのね——
くだらんコト真似《まね》してんな——ッ
あははは
しびれちゃった〜〜
後《あと》でちゃんと迎《むか》えにくるから大人《おとな》しく待《ま》ってろよ まゆらっ
あっ大丈夫《だいじょうぶ》 探偵《たんてい》7つ道具《どうぐ》のやすりで…
ゴソゴソ
あれ? どこいっちゃったのかな——
余計《よけい》なコトせんでよし!

あ〜〜〜まったく心臓《しんぞう》止《と》まったよ
目《め》ェ離《はな》すと何《なに》しでかすか…
……
ブツブツ
ロキ様《さま》とまゆらサンて夫婦漫才《めおとまんざい》みたいですぅ……
トクトク
ロキ様《さま》…っレイヤのコトも見《み》てくだサイですぅ!!
まゆらは見《み》つかったケドこの空間《くうかん》からの出口《でぐち》を見《み》つけないとな…
古《ふる》い本《ほん》って嫌《きら》いよ…
え？
フレイヤ〜〜!?
ばんっ
カミの毛にホコリつかないかしら〜

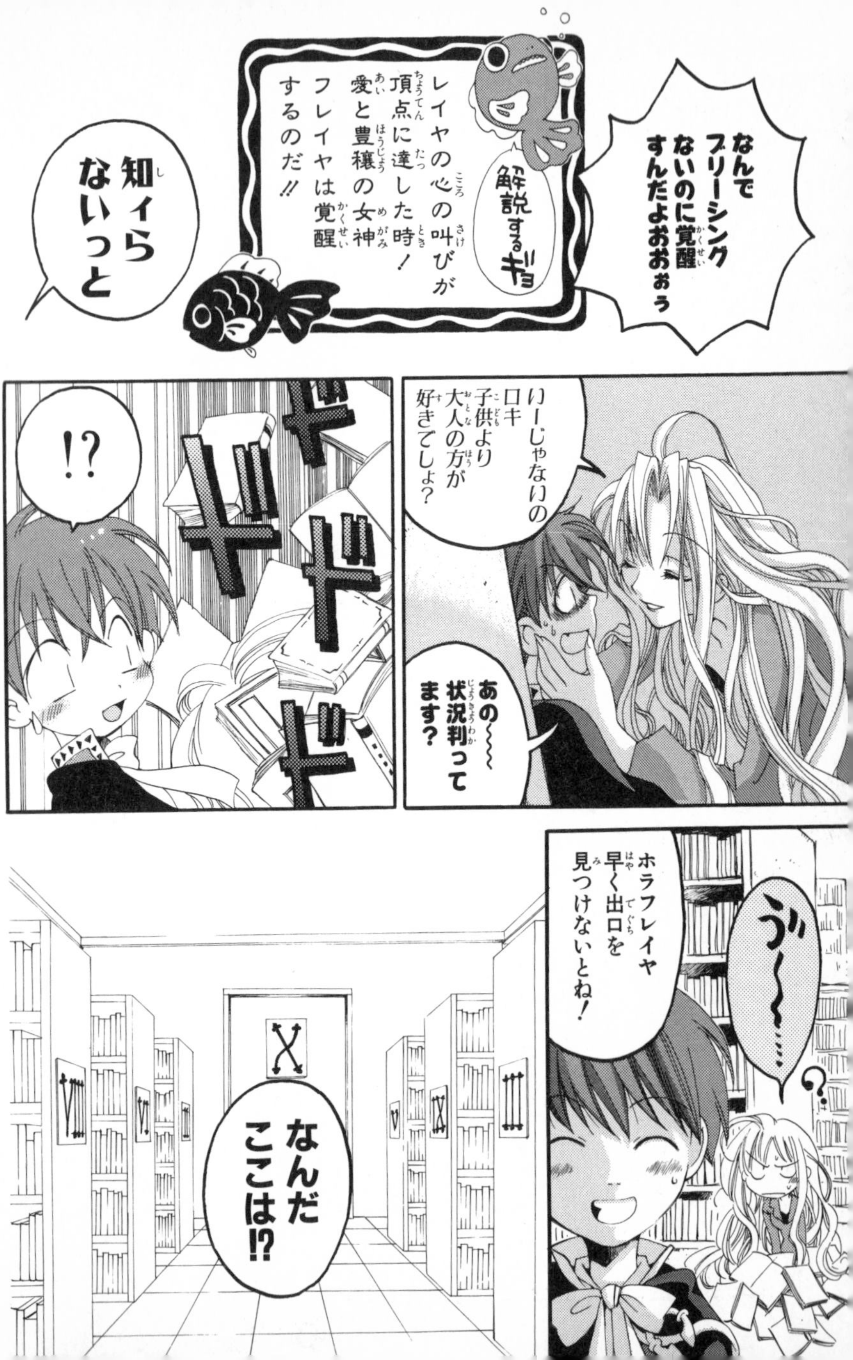

なんでブリーシングないのに覚醒《かくせい》すんだよおおぉう
解説するギョ
レイヤの心《こころ》の叫《さけ》びが頂点《ちょうてん》に達《たっ》した時《とき》！愛《あい》と豊穣《ほうじょう》の女神《めがみ》フレイヤは覚醒《かくせい》するのだ!!
知《し》ィらないっと
いーじゃないのロキ子供《こども》より大人《おとな》の方《ほう》が好《す》きでしょ？
あの～～状況判《じょうきょうわか》ってます？
!?
ホラフレイヤ早《はや》く出口《でぐち》を見《み》つけないとね！
う゛～～……
?
なんだここは!?

10と書《か》かれた扉《とびら》はピクリともしない…
棚《たな》は1~9の番号《ばんごう》がついてるわね……
しかも1冊《さつ》ずつ出《で》っぱってるし…
ん…?
Sefer Zoha
ゾハルの書《しょ》だって…?
ちょっとどきなさいよロキ 私《わたし》のルーンでその扉《とびら》ぶち壊《こわ》してやるわ!
わ~~っっ たんまたんま!
慎重《しんちょう》にいかなきゃ大変《たいへん》なコトになるんだから!
さっきみたいに本が落ちてきちゃうよ~
あら そーなの?
あらソレはイヤだわねェ
コレ怪《あや》しーわね 出《で》っぱった本《ほん》! コレがスイッチよ! 絶対《ぜったい》!

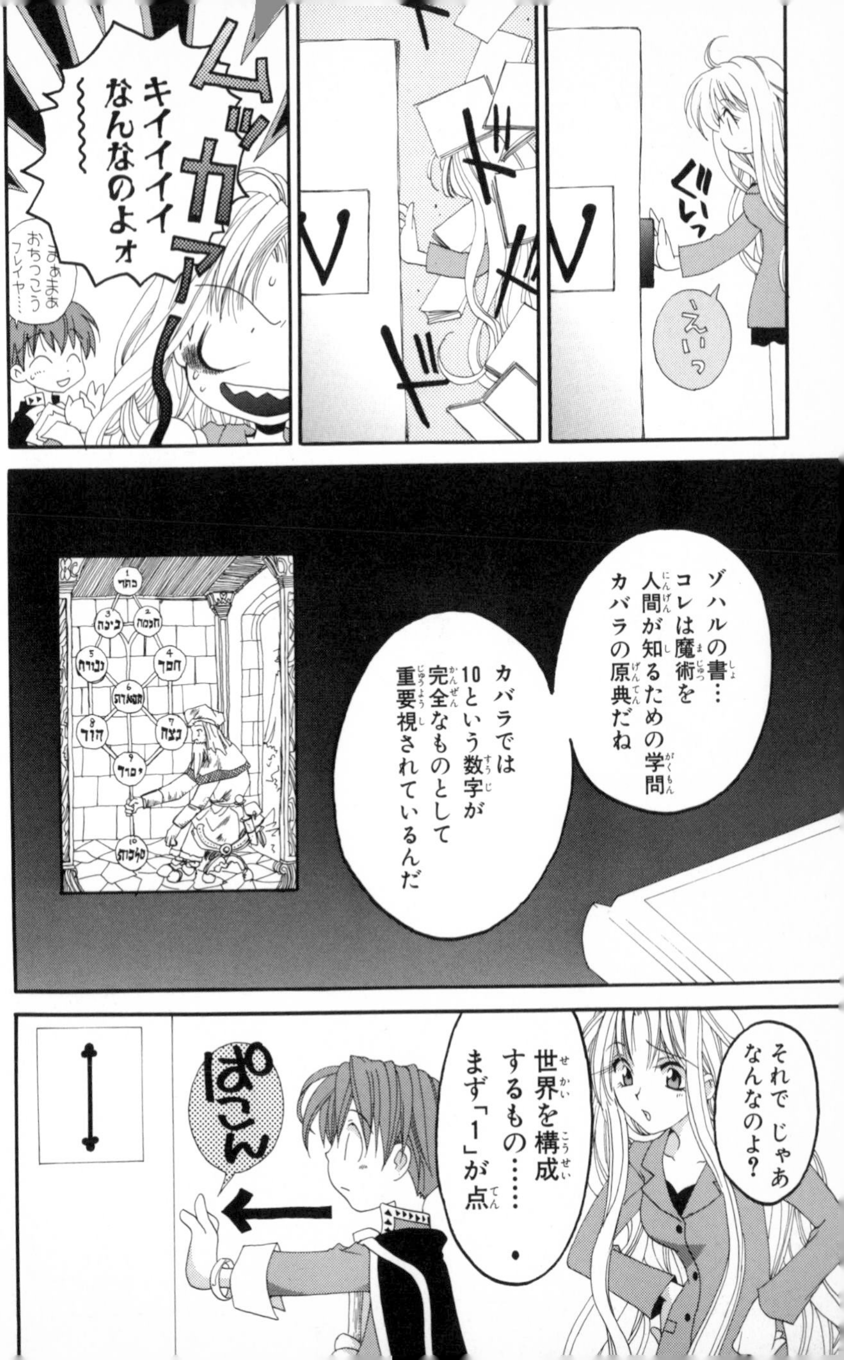
ぐいっ
えいっ
ドドド
ムッカァ～!
キイイイイ
なんなのよォ
～～～～
まぁまぁ
おちつこう
フレイヤ…
ゾハルの書《しょ》…
コレは魔術《まじゅつ》を
人間《にんげん》が知《し》るための学問《がくもん》
カバラの原典《げんてん》だね
カバラでは
10という数字《すうじ》が
完全《かんぜん》なものとして
重要視《じゅうようし》されているんだ
それで じゃあ
なんなのよ?
世界《せかい》を構成《こうせい》
するもの……
まず「1」が点《てん》
・
ぽこん

「2」が線《せん》……
ぱっこん
「3」が平面《へいめん》
ぱっこん
「4」が空間《くうかん》
ぱっこん
この数字《すうじ》1・2・3・4を全部《ぜんぶ》足《た》すと…
完全数《かんぜんすう》「10」になる!
ガガが
あ〜ロキくん遅《おそ》いなぁ〜〜
そもそもなんで図書館《としょかん》にこんな部屋《へや》があるのかしら…

カチッ
ロキく…
ごめんなさい…
こんなトコに
閉《と》じ込《こ》めてしまって
……
キィ…
？
誰《だれ》？
!?
さあ早《はや》く
あなたは地上《ちじょう》に
戻《もど》って……
ど どうも
ありがとう
ハアッ
ハアーッ
……痛《いた》いの？
やめて！

……ごめんなさい…
私《わたし》醜《みにく》いから触《さわ》らない方《ほう》がいいの……
ひとつ…聞《き》いていい？
ここは何処《どこ》なのかなぁ？
ここは私《わたし》のお墓《はか》…
私《わたし》にお父様《とうさま》が殺《ころ》せるかしら？

やぁ～ん♥
ギャ～～ッ
イキナリ扉《とびら》に吹《ふ》っ飛《と》ばされた～～～ッ
カ
ドド
だから適当《てきとう》に並《なら》べちゃダメだって言《い》ったのに…
今《いま》までずっとオカルト書《しょ》だったんだからやっぱりココは
N CRONO
COME IN
こう並《なら》べるべきか……
NECRONOMICON

ネクロノミコン？
ラヴクラフトという作家《さっか》が物語中《ものがたりちゅう》に出《だ》した魔導書《まどうしょ》だよ
…しかしここの主《あるじ》はこんなトラップばっかり作《つく》ってボクに来《き》て欲《ほ》しーのか欲《ほ》しくないのか……
ゴンッ
ネクロノミコン!?
necronomicon
こんな本《ほん》…実在《じつざい》するハズないんだ…
それじゃあここは一体《いったい》…
キィィ
お久《ひさ》しぶりです
お父様《とうさま》…

私《わたし》の図書館《としょかん》へ
ようこそ
ヘル!?
ヘル…って
地獄《じごく》の番人《ばんにん》
ヘルのコト…?
どうして
あなたがロキに
用事《ようじ》があるのよ
ヘルは
ボクの
娘《むすめ》だ
えっ

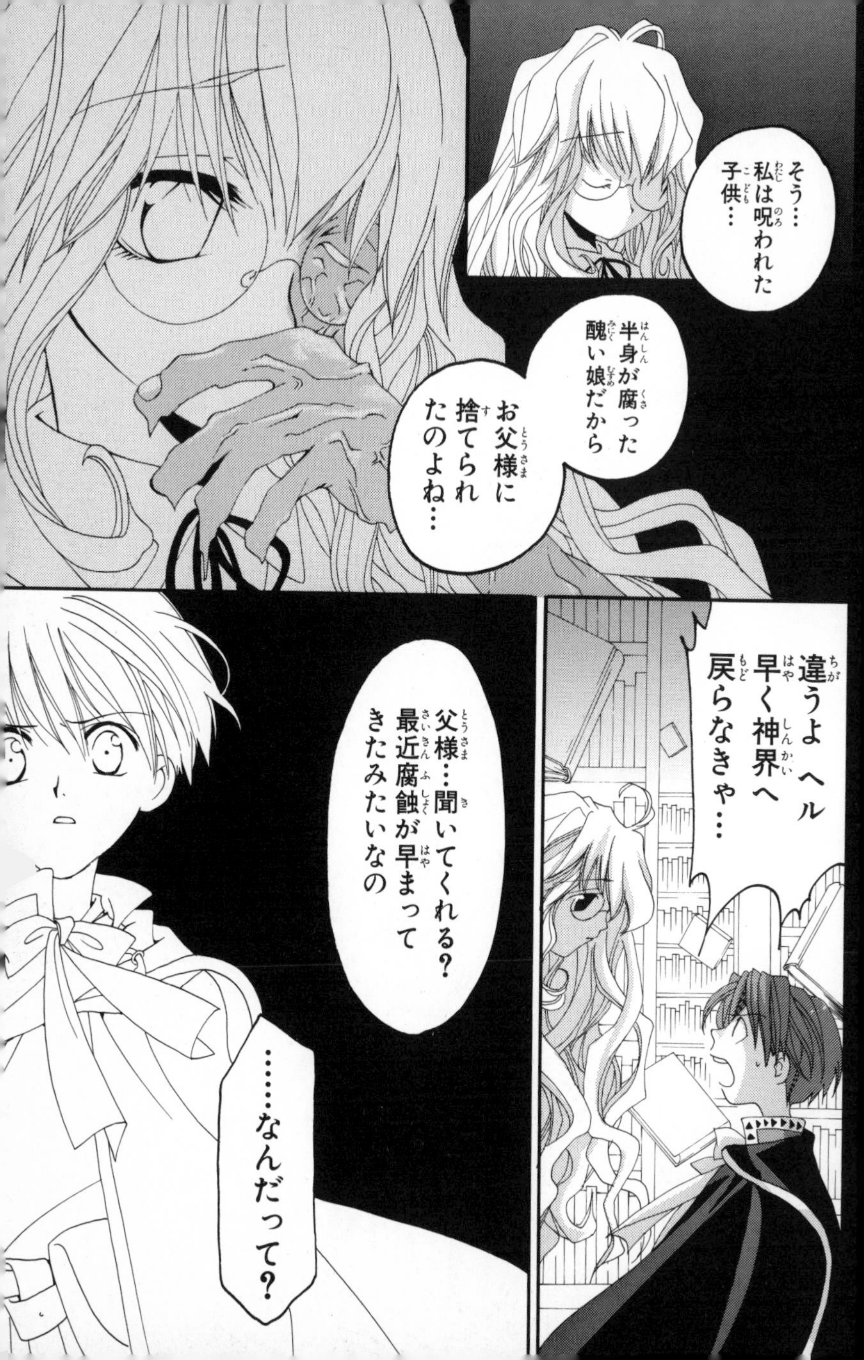

そう…私《わたし》は呪《のろ》われた子供《こども》…
半身《はんしん》が腐《くさ》った醜《みにく》い娘《むすめ》だから
お父様《とうさま》に捨《す》てられたのよね…
違《ちが》うよ ヘル早《はや》く神界《しんかい》へ戻《もど》らなきゃ…
父様《とうさま》…聞《き》いてくれる？最近《さいきん》腐蝕《ふしょく》が早《はや》まってきたみたいなの
……なんだって？

私《わたし》ずっと
この呪《のろ》いを解《と》く方法《ほうほう》が
ないかって探《さが》してたの
世界《せかい》のありと
あらゆる本《ほん》を読《よ》んで
でも気《き》づいたの
お父様《とうさま》に愛《あい》されて
ナイんじゃ意味《いみ》ないって
――だから最後《さいご》ぐらい
私《わたし》のために
死《し》んで
お父様《とうさま》
カッ

いーかげんに
しなさいよ
自分《じぶん》の娘《むすめ》がかわいく
ない親《おや》なんているわけ
ないでしょ!?
もういいよ…
フレイヤ
ハァッ
ハァ
お前《まえ》を地上《ちじょう》に連《つ》れて
こなかったのは お前《まえ》の体《からだ》は
ここでは耐《た》えられない
からだよ…
いい子《こ》だから
先《さき》に帰《かえ》っててておくれ
ヘル

…なんだあ
私《わたし》……
醜《みにく》いから父様《とうさま》に捨《す》てられたワケじゃないんだ……
何《なに》言《い》ってるんだよ
こんなに…

もうダメ…神界《しんかい》に戻《もど》る時間《じかん》はナイみたい…
奇麗《きれ》──
最後《さいご》にその言葉《ことば》聞《き》けて良《よ》かった…
さよなら父様《とうさま》
ヘル!!

あっ いたいた ロキくんっ
今《いま》ねー 図書館《としょかん》の人《ひと》に 地下《ちか》の拷問室《ごうもんしつ》のコト 聞《き》ーたら笑《わら》われちゃった〜
結構《けっこう》 コレって ミステ…
………

ぎゅっ
…なんで手《て》なんかつなぐんだよ？ まゆら
なんかロキくん元気《げんき》ナイからさー
たまにはいーでしょ？
……
やみのサンに何作ってあげよーかな～
もーいいっ 元気《げんき》でた！ 放《はな》せっまゆら!!
なんかキケンな予感がする!!
え～～～ ひどい ロキくんっ
おかわり!!
ロキ様《さま》 早《はや》く帰《かえ》ってきて～～～

THE MYTHICAL DETECTIVE LOKI
......SEE YOU NEXT!

ロキ カクセイ
でございまおう
初期キャラ設定では かなり
キョーアクッつら だったんですがねえ
ずいぶん優男になっちまいました。
邪神様なのにねェ……
子供《こども》ヴァージョンロキと
大人《おとな》ヴァージョンロキは
どこが違《ちが》うのでしょう？
まず子供《こども》。
ちっちゃい
魔法《まほう》が
制限《せいげん》されている
大人《おとな》。
ひょろりと長《なが》い
ルーン魔法《まほう》の達人《たつじん》
髪《かみ》の毛《け》の色《いろ》が変《か》わっちゃ
うのはなんでしょ？
原理《げんり》
こんなんか…？？

THE MYTHICAL DETECTIVE LOKI

ILLUSTRATION GALLERY

REIYA & NORN SISTERS

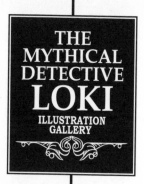

THE MYTHICAL DETECTIVE LOKI ⑤ Sakura Kinoshita

BLADE COMICS

魔探偵ロキ ⑤

2003年6月10日初版発行

■著 者
木下さくら

■発行人
保坂嘉弘
■発行所
株式会社マッグガーデン
〒101-8434 東京都千代田区一ツ橋2-6-8 トミービル3《スリー》 2F
(編集) TEL：03-3515-3872 FAX：03-3262-5557
(営業) TEL：03-3515-3871 FAX：03-3262-3436
企画プロデュース スクウェア・エニックス
■印刷所
株式会社美松堂
■装 幀
アイロン・ママ

初出／月刊少年ガンガン00年9月号～12月号、01年1月号（エニックス刊）

ISBN4-901926-57-8 C9979
Printed in japan